JEUDI 9 AU MARDI 14 FÉVRIER 1922
(HOTEL DROUOT)
Mᵉ F. LAIR DUBREUIL, commissaire-priseur.

CATALOGUE

DE

LIVRES ANCIENS

RARES ET PRÉCIEUX

(CLASSIQUES, LIVRES ILLUSTRÉS DU XVᵉ AU XVIIIᵉ SIÈCLE)

RELIURES ANCIENNES, ETC.

ET DE

LIVRES MODERNES

AUTEURS CONTEMPORAINS EN ÉDITIONS ORIGINALES

LA PLUPART EN GRAND PAPIER

LIVRES ILLUSTRÉS

PROVENANT

DE LA BIBLIOTHÈQUE DE M. E*** F***

PARIS

HENRI LECLERC

Libraire de la Bibliothèque Nationale

219, RUE SAINT-HONORÉ, 219

1922

LIVRES ANCIENS

ET

MODERNES

CONDITIONS DE LA VENTE

La vente se fait au comptant.

Les adjudicataires paieront 12,50 pour 100 en sus des enchères pour les livres modernes non soumis à la taxe de luxe et 17,50 pour 100 pour ceux soumis à cette taxe et pour les livres anciens.

Les livres vendus devront être collationnés dans les vingt-quatre heures de l'adjudication. Passé ce délai, ils ne seront repris pour aucune cause.

M. Leclerc se réserve la faculté, dans l'intérêt de la vente, de réunir ou de diviser les numéros du catalogue. Il remplira les commissions qu'on voudra bien lui confier.

Les livres brochés sont tous avec leurs couvertures imprimées, sauf indication contraire.

Les livres, composant ce catalogue, pourront être examinés à la Librairie Henri Leclerc, du mercredi 1 au mardi 7 février 1922, de 2 heures à 6 heures.

CATALOGUE

DE

LIVRES ANCIENS

RARES ET PRÉCIEUX

(CLASSIQUES, LIVRES ILLUSTRÉS DU XVᵉ AU XVIIIᵉ SIÈCLE)

RELIURES ANCIENNES, ETC.

ET DE

LIVRES MODERNES

AUTEURS CONTEMPORAINS EN ÉDITIONS ORIGINALES

LA PLUPART EN GRAND PAPIER

LIVRES ILLUSTRÉS

PROVENANT

DE LA BIBLIOTHÈQUE DE M. E*** F***

PARIS

HENRI LECLERC

Libraire de la Bibliothèque Nationale

219, RUE SAINT-HONORÉ, 219

1922

LIVRES ANCIENS

I. — THÉOLOGIE ET HISTOIRE
DES RELIGIONS. — JURISPRUDENCE

1. ARETINO (Pietro). I sette Salmi della Penitentia di
David (compositi per Pietro Aretino). *S. l. n. d.* (vers
1540), pet. in-8, portr., mar. rouge, compart. de fil. à la
Du Seuil, dos orné, tr. dor. (*Rel. anc.*).

> Cette édition, imprimée en caractères italiques, porte sur le
> titre le portrait de l'Arétin gravé sur bois d'après le Titien.
> Exemplaire de Girardot de Préfond auquel on a ajouté 23
> figures gravées à l'eau-forte par *Moncornet, A. Bosse, J. Callot* :
> les Sept péchés capitaux et autres.
> Reliure du xvii⁰ siècle, très fraîche.

2. AUGUSTIN (Saint). Sermons de Saint Augustin sur les
Pseaumes, traduits en françois. *Paris, Pierre le Petit,*
1683, 7 vol. — Les Deux Livres de Saint Augustin de
la véritable religion et des mœurs de l'église catholique.
Paris, J.-B. Coignard, 1690. — Lettres de Saint Augustin traduites en françois sur l'édition nouvelle, seconde
édition. *Ibid., id.,* 1701. — Les Livres de la Doctrine
chretienne de S. Augustin, traduits en françois sur
l'édition nouvelle. *Ibid., id.,* 1701. — Deux traitez de

— 6 —

St Augustin : Les Livres de l'Ordre et Les Livres du libre
arbitre traduits en françois sur la nouvelle édition latine.
Ibid., id., 1701. Ensemble 16 vol. in-8, réglés, mar. vert,
dent., dos ornés, dent. int., tr. dor. (*Rel. anc.*).

Bel exemplaire dans une bonne reliure uniforme de Boyet.

3. AUGUSTINUS (Sanct.). Divi Aurelii Augustini, Hippo-
nensis episcopi, confessionum libri tredecim, ad calcem
additæ sunt variæ lectiones. *Parisiis, typis Dionysii Pierres,*
1776, in-18, front. gr. par A. de Saint-Aubin, mar.
rouge, fil., dos orné, tr. dor. (*Rel. anc.*).

Bonne édition revue par L. Rondet. Elle est imprimée en
caractères très fins, chaque page encadrée d'un double filet.

4. BIBLE. La Saincte Bible reduicte en epitome, par
l'histoire divine et sacrée de Sévère Sulpice. Translatée
fidélement de la langue latine en la francoise... par Jean
Filleau, iuriste-consulte de Clermont en Beauuoisis. *Paris,
Jean Pinart,* 1579, in-8, réglé mar. vert olive, dos et plats
entièrement couverts de filets droits et courbes remplis
de feuillages, fers azurés, fleurs et ornem. divers, tr. dor.
(*Rel. anc.*).

Belle et riche reliure de la fin du xvie siècle, recouverte du
décor dit à la fanfare, et exécutée par les Eve.

5. BOSSUET (J.-B.). Divers écrits ou mémoires sur le
livre intitulé Explication des Maximes des Saints... etc.
(de Fénelon). Sommaire de la doctrine de ce livre ; décla-
ration des Sentiments des trois Evesques. *Paris, Anisson,*
1698, in-8, mar. rouge, fil., dos fleurdelisé, dent. int.,
tr. dor. (*Rel. anc.*).

Un des ouvrages importants de Bossuet, et le livre le plus
nécessaire pour l'histoire de l'affaire du Quiétisme et de la lutte
entre les évêques de Meaux et de Cambrai.
Exemplaire de l'édition originale relié aux armes de la princesse Louise-Françoise de Bourbon, dite Mlle de Nantes.

6. **BOSSUET**. Politique tirée des propres paroles de l'Écriture sainte, à Monseigneur le Dauphin, ouvrage posthume de Messire Jacques-Bénigne Bossuet, évêque de Meaux.... *Paris, Pierre Cot,* 1709, in-4, veau granité, tr. jasp. (*Rel. anc.*).

> ÉDITION ORIGINALE, publiée par l'abbé Bossuet, neveu de l'auteur.
> Sans le portrait de Bossuet qui manque souvent.

7. **FÉNELON**. Explications des Maximes des Saints sur la Vie intérieure, par Messire François de Salignac Fénelon, archevêque, duc de Cambray, Precepteur de Messeigneurs les Ducs de Bourgogne, d'Anjou et de Berry. *Paris, chez Pierre Aubouin,* 1697, in-12, mar. rouge, compart. de fil. à la Du Seuil, dos orné, dent. int., tr. dor. (*Rel. anc.*).

> ÉDITION ORIGINALE.
> PRÉCIEUX EXEMPLAIRE aux armes de l'évêque de Chartres GODET DES MARAIS, confesseur de Mme de Maintenon, qui fut chargé, avec le cardinal de Noailles et Bossuet, d'examiner le livre de Fénelon et qui signa la déclaration envoyée à Rome pour obtenir la condamnation de l'*Explication des Maximes des Saints*. Le volume contient, dans les marges, de nombreuses annotations et remarques de la main de Godet des Marais.
> Des bibliothèques de Henri Bordes, du baron Roger Portalis et Jules Lemaître.

8. **GROTIUS**. Traité de la vérité de la Religion chretienne traduit du latin par P. Le Jeune. *Amsterdam, Élie-Jacob Ledet,* 1728, in-12, mar. rouge, fil., dos orné, dent. int., tr. dor. (*Rel. anc.*).

> Exemplaire aux armes et au chiffre de Louis XV ; sur le premier plat, les mots « Choisy le Roy » au-dessous des armoiries.

9. **KEMPIS** (Thomas A). Thomæ a Kempis de Imitatione Christi libri quatuor. *Lugduni, apud Joh. et Dan. Elsevirios,* s. d. (1653), pet. in-12, titre gravé, mar. rouge,

fil., dos orné au pointillé, doubl. et gardes de satin vert,
tr. dor. (*Rel. anc.*).

Edition imprimée par Jean et Daniel Elzevier, la plus
recherchée de celles données par les Elzevier.
Willems, n° 729.

10. **MASSILLON. Petit Carême de M. Massillon, évêque
de Clermont. Imprimé par ordre du Roi pour l'éducation
de Monseigneur le Dauphin.** *Paris, de l'Imprimerie de
Didot l'aîné*, 1789, in-4, papier vél., mar. rouge à longs
grains, large encadr. dor., dos orné au pointillé, bord.
int., doubl. et gardes de tabis bleu, tr. dor. (*Bozérian*).

Bel exemplaire.

11. **PASCAL (Bl.). Les Provinciales ou les lettres escrites
par Louis de Montalte (Bl. Pascal) à un provincial de ses
amis et aux R. R. P. P. Jésuites sur le sujet de la morale
et de la politique de ces Pères.** *A Cologne, chès Pierre de
la Vallée*, 1657, pet. in-12 de 12 ff. prélim. non chiffr.
398 pp. chiffr. ; 111 pages chiffr. et 1 f. blanc pour
l'advis de Messieurs les Curez de Paris ; mar. vert, fil.,
fleuron aux angles, dos orné, dent. int., tr. dor. (*Rel.
anc.*).

Jolie édition recherchée, imprimée à Amsterdam par Louis
et Daniel Elzevier.
Exemplaire de premier tirage avec la faute « Moines man-
diants » en haut de la page 3.

12. **PASCAL. Les Provinciales ou les Lettres écrites par
Louis de Montalte à un provincial de ses amis et aux
R. R. PP. Jésuites. Sixième édition, dans laquelle on a
ajouté la Lettre d'un Avocat du Parlement à un de ses
Amis.** *A Cologne, chez Nicolas Schoute (Amsterdam,
Daniel Elzevier)*, 1669, pet. in-12, vélin à recouvr. (*Rel.
anc.*).

13. PASCAL (Bl.). Pensées de Pascal sur la Religion et sur quelques autres sujets. Nouvelle édition augmentée. *Paris, Méquignon*, 1787, in-12, mar. rouge, fil., dos orné, tr. dor. (*Rel. anc.*).

> Édition importante, contenant de nombreuses pensées, restées inédites et une table, publiée par André, bibliothécaire du chancelier d'Aguesseau.
> Très bel exemplaire de M. de Lignerolles dans une reliure de Derome très fraîche.

14. PASSEVENT parisien, respondant à Pasquin, romain. De la vie de ceux qui se disent vivre selon la reformation de l'Evangile et sont allez demourer au païs iadis de Sauoye : & maintenant soubz les Princes de Berne, & Seigneurs de Genêve : fait en forme de Dialogue. De Nouveau reveu & augmenté. *A Lyon*, 1556, in-16, mar. vert, dos orné, tr. jasp. (*Rel. anc.*).

> Dialogue satirique rempli d'invectives contre Calvin, Viret, Farel et autres réformateurs, attribué à Antoine Cathalan, cordelier albigeois. Il renferme les histoires les plus scandaleuses contées avec une grande liberté de langage.
> Exemplaire aux troisièmes armes de J.-A. de Thou provenant de la bibliothèque du marquis de Ganay.

15. PONTAS. Abrégé du Dictionnaire des Cas de conscience de M. Pontas dans lequel on trouve un grand nombre de Remarques et de nouvelles décisions. *Paris, chez les libraires associés*, 1764, 2 vol. in-4, mar. rouge, fil., dos ornés, dent. int., tr. dor. (*Rel. anc.*).

> Bel exemplaire aux armes de Léopold-Charles de Choiseul, archevêque de Cambrai.

16. TATIANUS. Tatiani oratio ad Græcos ; Hermiæ irrisio gentilium philosophorum (gr. et lat.), ex vetustis exemplaribus recensuit, annotationibus variorum suas adjecit Wilh. Worth. *Oxoniæ, e Theatro Sheldoniano impensis Joannis Oweni*, 1700, in-8, mar. rouge à longs grains,

encadr. et motifs d'angles dor., fil., dos orné, bord. int.,
tr. dor. (*Bozérian*).

> Edition recherchée, accompagnée d'une dissertation sur
> Tatien (27 pp.) dont l'auteur anonyme est Louis du Four de
> Longuerue.
> BEL EXEMPLAIRE imprimé sur **papier de Hollande**.

17. TAXES des parties casuelles de la Boutique du Pape
(par Antoine de Nauroy) rédigée par Jean XXII et publiée
par Léon X, pour absolution (argent comptant) de toute
espèce de crimes ; avec la fleur des cas de conscience
decidés par les Jesuites.... publié par M. Julien de Saint-
Acheul (Jules Garinet et Collin de Plancy). Seconde
édition. *Paris, Brissot-Thivars*, 1821, in-8, mar. rouge
à longs grains, dent., dos orné, non rogné (*Rel. de
l'époque*).

18. TESTAMENT (Le Nouveau), c'est à dire la Nouvelle
Alliance de Nostre Seigneur Jesus-Christ. *La Haye, chez
Jean & Daniel Steucker*, 1664, front. — Les Pseaumes
de David, mis en rime françoise par Clement Marot et
Théodore de Bèze. *Ibid., id.*, 1664, 2 parties en 1 vol.
in-12, texte sur 2 colonnes, mar. rouge, plats entièrement couverts de motifs à petits fers et au pointillé
compris dans des compartiments de fil. droits et courbes,
large dent., dos orné, tr. dor. (*Rel. anc.*).

> Reliure hollandaise du xviie siècle. •

---

19. ALCORAN DES CORDELIERS (L') tant en latin
qu'en françois, c'est à dire recueil des plus notables
bourdes & blasphèmes de ceux qui ont osé comparer
Sainct François à Jésus Christ : tiré du grand liure des
Conformitez, jadis composé par frère Barthelemi de Pise,
Cordelier, en son vivant. Nouvelle édition ornée de

figures dessinées par B. Picart. *Amsterdam, aux dépens de
la Compagnie*, 1734, 2 vol. in-12, mar. rouge, pet. dent.,
dos ornés, dent. int., tr. dor. (*Rel. anc.*).

Reliure très fraîche, genre BRADEL-DEROME.

20. BANIER (Abbé). La Mythologie et les fables expliquées
par l'histoire. *A Paris, chez Briasson*, 1738-1740, 3 vol.
in-4, mar. rouge, fil., dos ornés, tr. dor. (*Rel. anc.*).

Le faux titre manque au tome III.
Bonne reliure ancienne, dont les dos sont ornés d'une grande
étoile entre chaque nerf.

21. **BOSSUET.** Histoire des variations des Eglises protes-
tantes, par Messire Jacques Benigne Bossuet, évêque de
Meaux. *Paris, Veuve de Séb. Mabre-Cramoisy*, 1688,
2 vol. in-4, mar. rouge, fil., dos ornés, dent. int., tr.
dor. (*Rel. anc.*).

EDITION ORIGINALE.
BEL EXEMPLAIRE relié aux armes d'Albert d'Ailly, duc de
CHAULNES.
De la bibliothèque Jules Lemaître.

22. CATROU (le P. François). Histoire des Anabaptistes
par le P. François Catrou, de la Compagnie de Jésus.
Paris, Claude Cellier, 1706, in-4, mar. citron, fil., dos
orné, bord. int., tr. dor. (*Rel. anc.*).

Exemplaire aux armes de Mme SOPHIE, fille de Louis XV.

23. HISTOIRE NOTABLE d'un Jésuite nommé Père
Henry, qui a esté bruslé à la ville d'Anvers le 12 jour
d'Auril 1601, estant convaincu d'estre sodomiste, laquelle
a esté escrite par l'un des Iuges délégués pour le Procès
criminel d'iceluy [par François de Segusie], mise du flameng en françois. *S. l.*, 1639, 40 pp. — Contredits au
libelle diffamatoire, intitulé Histoire notable du Père
Henry, jésuite... *Lyon, Roussin*, 1601, 202 pag. et 3 ff.

non chiff. — Contremine par le sieur des Bons aduis à l'Aduertissement du sieur Du Plessis. *S. l. n. d.*, 4 ff. et 3o pp. Ensemble 3 ouvr. en 1 vol. in-12, mar. bleu foncé, fil., dos orné, dent. int., doubl. et gardes de tabis rose, tr. dor. (*Rel. anc.*).

Un portrait du Père Henry, représenté au milieu des flammes, est placé en tête du volume avec une légende manuscrite : « Pater Henry ora pro nobis ».

Exemplaire du duc de La Vallière dans une bonne reliure du xviiie siècle.

---

24. **JUSTINIANUS.** Digestorum libri L. Codicis libri XII. Constitutiones imperatoriæ. *Paris, Vignon,* 158o, 6 forts vol. in-8, vél. souple à recouvr., fil., dos ornés, tr. dor. (*Rel. anc.*).

Jolie reliure bien conservée, avec armoiries sur les plats.

II. — SCIENCES ET ARTS

25. **BARGAGLI.** Dialogo de Giuochi che nelle vegghie sanesi si usano di fare del materiale intronato. *Siena, Luca Bonetti,* 1572, pet. in-4, vél. (*Rel. anc.*).

Édition originale de cet ouvrage souvent réimprimé au xvie siècle.

Petite mouillure aux premiers feuillets.

26. **BECCARIA.** Dei delitti e delle pene. Nuova edizione corretta ed accresciuta. *Parigi, Molini, nella stamperia di Fr. Amb. Didot,* 178o, gr. in-8, mar. rouge, fil., dos orné, dent. int., doubl. et gardes de tabis bleu, tr. dor. (*Rel. anc.*).

Un des 11 exemplaires imprimés sur **peau de vélin**.

Fraîche reliure de Derome, avec son étiquette à l'intérieur du volume.

27. BOETIUS. Anicii Manlii Severini Boetii, Consolationis
philosophiæ libros quinque. *Lutetiæ Parisiorum, apud
Lambertum Roulland,* 1680, in-4, frontisp. gr., mar.
rouge, compart. de fil. à la Du Seuil, dos orné, dent.
int., tr. dor. (*Rel. anc.*).

Exemplaire aux armes de HARLAY DE CHANVALLON, archevêque
de Rouen, puis de Paris.

28. CASTIGLIONE. Il Cortegiano del conte Baldesare
Castiglione. *In Lyone, appresso Guglielmo Rouillio,* 1562,
in-16, mar. rouge, riches compart. à la Grolier de mar.
bleu turquoise, noir et orange, sertis dans des fil. dor.,
droits et courbes, dos orné et mosaïqué, dent. int., tr. dor.
(*Claessens*).

Joli exemplaire richement relié.

29. CELLINI (Benvenuto). Vita di Benvenuto Cellini, ore-
fice e scultore Fiorentino da lui medesimo scritta. *Colonia
Pietro Martello, s. d. (Napoli,* 1728), in-4, mar. vieux
rouge, fil., dos orné, dent. int., tr. dor. (*Lanoë*).

ÉDITION ORIGINALE.

30. CHARRON (Pierre). De la Sagesse, livres trois, par
M. Pierre le Charron, parisien, chanoine théologal &
chantre en l'église cathédrale de Comdom. *A Bourdeaus,
par Simon Millanges,* 1601, in-8, de 10 ff. prélim. non
chiff., 772 pp. chiff. et 4 ff. non chiff. pour la table et
l'errata, mar. rouge, compart. de fil. à la Du Seuil, dos
orné, tr. dor. (*Rel. anc.*).

ÉDITION ORIGINALE.

31. CICERON. Entretiens de Ciceron sur la nature des
Dieux, traduits par l'abbé d'Olivet, quatrième édition, 2
vol. — Les Livres de Ciceron de la Vieillesse, De l'Ami-
tié, Les Paradoxes, le Songe de Scipion ; troisième édi-

tion retouchée avec soin par M. Debarrett. *Paris, Barbou,*
1766-1768, 2 ouvrages en 3 vol., tomés I à III, mar.
rouge, fil., dos ornés, dent. int., tr. dor. (*Rel. anc.*).

Beaux exemplaires aux armes de la comtesse d'Artois.

32. HISTOIRE PRODIGIEUSE et lamentable de Jean
Fauste, grand magicien, avec son testament et sa vie
épouventable (traduit de l'allemand par Vict. Palma
Cayet). *A Cologne, chez les Heritiers de Pierre Marteau*
(*Bruxelles, chez Georges de Backer*), 1712, pet. in-12,
front., mar. rouge, fil., dos orné, dent. int., tr. dor.
(*Rel. anc.*).

Joli exemplaire d'un livre rarement en bon état, étant imprimé sur mauvais papier.

33. LA CHAMBRE. Les Charactères des Passions par le
S* de la Chambre, médecin de Monseigneur le Chancelier.
Paris, Rocolet, 1648, 2 vol. in-4, titre gr. au second
vol., mar. rouge, compart. de fil. droits et courbes, dent.
et motifs à petits fers et au pointillé couvrant le dos et les
plats, dent. int., tr. dor. (*Rel. anc.*).

Bel exemplaire au chiffre de Prondre de Guermante, dans
une très belle reliure dont la décoration rappelle celle des
reliures, bien connues, aux chiffres de Louis XIII et Anne
d'Autriche.
De la bibliothèque du Bon Roger Portalis ; légères mouillures.

34. LA FERTÉ (Papillon de). Extrait des différens ouvrages
publiés sur la vie des Peintres par M. P. D. L. F. (Papillon
de La Ferté, Intendant des Menus Plaisirs du Roi). *Paris,*
Ruault, 1776, 2 vol. in-8, front. de Moreau, fil., fleurons d'angles, dos ornés, tr. dor. (*Rel. anc.*).

Exemplaire aux armes de Rosset, duc de Fleury, pair de
France.

35. LA METTRIE. Œuvres philosophiques de M^r de la

Mettrie. *Amsterdam*, 1753, 2 vol. pet. in-12, mar. vert
olive, large dent., bord. int., tr. dor. (*Rel. anc.*).

Exemplaire de la bibliothèque de Mme Armand de Caillavet,
avec reliure ornée d'une large dentelle à petits fers.

36. MONTAIGNE. Les Essais de Michel seigneur de Montaigne, nouvelle édition exactement purgée des défauts
des précédentes, selon le vray original. *Amsterdam, aux
dépens de la Compagnie*, 1781, 3 vol. pet. in-8, portr.,
mar. vert, fil., dos ornés, tr. dor. (*Rel. anc.*).

BEL EXEMPLAIRE dans une très fraîche reliure.

37. PETRARCA (Franciscus). De remediis utriusque for-
tunae. (F. 1-2 table, qui finit :) Eeplicit (*sic*) liber iste d'
remedijs || vtriusqʒ fortune dn̄i Francisci || petrarche lau-
reati poete 2° || (F. 3-4 blancs ; f. 5, r° :) c Vm res for-
tunasqʒ hominū cogito | incertos 2 subitos || etc. (F. 55,
v°, l. 12 :) Vacat Nec Vicio Nec Defectu (F. 56, r° :)
captaιnqʒ ibi etc. (A la fin, f. 189, r° :) Laus deo pax viuis.
Requies eterna defunctis. *S. l. n. d.* (*Esslingen, Conrad
Fyner, vers* 1475), in-fol. goth. de 189 ff. non chiff. à 39
ll., veau fauve, dent. avec couronnes du Saint-Empire
aux angles et sujets de chasse, milieux, dos orné, dent.
int., tr. dor. (*Rel. espagnole du XVIIIe siècle*).

Hain-Copinger, 12790. — Proctor, 2475.
PREMIÈRE ÉDITION, très rare, de cet ouvrage.
Exemplaire avec les initiales rubriquées, incomplet des troi-
sième et quatrième ff. (qui sont blancs). — Légères mouillures.

38. PHOCION. Entretiens de Phocion sur le rapport de la
morale avec la politique. Par Mably. *Paris, Renouard*,
1804, in-12, portr., veau fauve, dent. sur les plats, semis
de fleurettes sur le dos, dent. int., tr. dor. (*Motet*).

Exemplaire imprimé sur papier vélin.

39. PORTA (Jo-Bapt.). I tre libri de Spiritali di Giovam-

battista della Porta, napolitano cioè d'inalzar acque per forza dell' aria. *Napoli, G.-J. Carlino*, 1606, in-4, fig. sur bois, vélin, compart. de fil., dent. et ornements de feuillage, tr. dor. (*Rel. anc.*).

On trouve à la page 75 de cet opuscule une figure représentant la machine inventée par Porta pour élever l'eau à l'aide de la force élastique de la vapeur, figure dont Fr. Arago a donné un fac-simile dans son histoire des machines à vapeur.

BEL EXEMPLAIRE relié aux armes du cardinal Alexandre ORSINI, mort en 1626.

40. SENECA. L. Annæi Senecæ philosophi opera omnia ex ult. J. Lipsii emendatione et M. Annæi Senecæ rhetoris quæ exstant. *Ludg. Batav. apud Elzevirios*, 1640, 3 vol. pet. in-12, mar. rouge, compart. de fil. à la Du Seuil, milieux à petits fers et au pointillé, dos ornés, dent int., tr. dor. (*Rel. anc.*).

Titre gravé à la date de 1640 pour le premier volume; imprimés et à la date de 1639 pour les II et III volumes, avec la marque « non solus ».

BEL EXEMPLAIRE de cette édition recherchée; haut. 133 millimètres.

41. SPECULUM INTELLECTUALE felicitatis humane..... per Uldaricum Pinder 1510. Compendium breve de bone valitudinis cura. Speculum phlebothomye. Tractatus simplicium medicinarum. *S. l. (Norimbergæ), s. d.* — Caroli Bovilii De mathematicis supplementis libelli. *Parisiis, ex officina Henrici Stephani*, 1510. Ensemble 2 ouvrages en 1 vol. in-fol., ais de bois recouverts de peau de truie estampée, fermoirs (*Rel. anc.*).

Les 4 parties du premier ouvrage sont ornées de 2 portraits différents, gravés sur bois, du prince Frédéric, archiduc de Saxe, l'un est daté de 1510. Le second renferme de nombreuses figures gravées sur bois.

À l'intérieur du volume, grand ex-libris gravé des ducs de Bavière.

III. — BELLES-LETTRES.

1. — Linguistique. — Rhétorique.

42. ESTIENNE (Henri). Traicté de la conformité du langage françois, auec le grec, diuisé en trois liures, dont les deux premiers traictent des manières de parler conformes : le troisième côtient plusieurs mots françois, les uns pris du grec entiérement, les autres en partie : c'est à dire, en ayans retenu quelques lettres par lesquelles on peult remarquer leur etymologie avec une préface remonstrant quelque partie du desordre et abus qui se commet auiourdhuy en l'usage de la langue françoise..... duquel traicté l'auteur est Henri Estienne. *Paris, Robert Estienne*, 1569, in-8 de 18 ff. préliminaires et 171 pp., mar. bleu foncé, jans., dent. int., tr. dor. (*David*).

Seconde édition de ce curieux traité.

43. ESTIENNE (Henri). Proiect du liure intitulé : De la precellence du language françoys, par Henri Estienne. Le liure au lecteur : « Je suis ioyeux de pouuoir autant plaire, aux bons françoys, qu'aux mauuais veux desplaire ». *Paris, Mamert Patisson*, 1579, pet. in-8 de 16 ff. et 295 pp., mar. bleu, fil. à froid sur le dos et les plats, dent. int., tr. dor. (*Duru, 1847*).

EDITION ORIGINALE.
BEL EXEMPLAIRE.

44. ESTIENNE (Henri). Deux Dialogues du nouveau langage françois italianizé, et autrement desguizé, principalement entre les courtisans de ce temps : De plusieurs nouveautez, qui ont accompagné ceste nouveauté de langage : De quelques courtisianismes modernes, et de quel-

ques singularitez courtisanesques. *A Anvers, par Guillaume Niergue*, 1579, in-16, mar. rouge, fil., dos orné à la grotesque, bord. int., tr. dor. (*Rel. anc.*).

Seconde édition d'un des plus curieux ouvrages d'Henri Estienne. C'est une vigoureuse défense contre l'italianisme qui menaçait d'envahir la langue française.

45. MANUTIO (Aldo). Eleganze della lingua toscana e latina scielte da Aldo Manutio, utilissime al comporre nell' una e l'altra lingua. *Venetia, Aldus*, 1556, pet. in-8 de 73 ff. et 9 ff. pour la table et l'errata, vélin souple (*Rel. anc.*).

ÉDITION ORIGINALE de cet ouvrage si souvent réimprimé avec des augmentations successives.

46. VALLA (Laurentius). Lavrentii Vallæ viri diser || tissimi de Romani sermonis || elegantia liber primvs. || (A la fin :) *Anno M.CCCCLXXV.* (1475) *die vero secunda mensis Iulii... Arnoldus Pannartz natione germanus in domo nobilis viri Petri de maximis civis Romani...*, in-fol., car. ronds, de 186 ff. non chiff., veau olive, fil. dor. et dent. à froid, dos orné, dent. int. (*Ducastin*).

Hain-Copinger, 15804. — Proctor, 3527.
Exemplaire grand de marges ; légères piqûres de vers aux premiers ff.

---

47. BOURDALOUE. Sermons (publiés par le P. Fr. Bretonneau). *Paris, Rigaud*, 1707-1734, 16 vol. in-8 réglés, portr., mar. vert, fil., dos ornés, tr. dor. (*Rel. anc.*).

Exemplaire dont les volumes sont en reliure uniforme ce qui est rare.
De la bibliothèque Jules Lemaître.

48. DÉMOSTHÈNE et ESCHINE. Œuvres complettes de

Demosthène et d'Eschine, traduites en françois, avec des
Remarques sur les Harangues & Plaidoyers de ces deux
orateurs..... par M. l'abbé Auger. *Paris, Lacombe*, 1777,
5 vol. in-8, portr., plats de veau marbr., dent., chiffre
L. M., dos de mar. rouge ornés, tr. rouges (*Rel. anc.*).

49. FLÉCHIER. Oraisons funèbres de Fléchier, évêque de
Nismes. *Paris, Ant. Aug. Renouard*, 1802, 2 tomes en 1
vol. in-12, portr., mar. rouge à longs grains, dent. sur
les plats, dos orné au pointillé, bord. int. à la grecque,
tr. dor. (*Bozérian*).

Exemplaire imprimé sur **papier vélin**.

50. VAUMORIÈRE. Harangues sur toutes sortes de sujets
avec l'art de les composer (par Vaumorière), seconde édition, augmentée d'un grand nombre de Préceptes et de
Harangues, dédiées à Monsieur le Chancelier. *Paris, Jean
Guignard*, 1693, in-4, mar. rouge, portr., compart. de
fil. à la Du Seuil, dos orné, dent. int., tr. dor. (*Rel. anc.*).

Bel exemplaire de dédicace aux armes du chancelier Bou-
cherat.

2. — Poésie.

a. — Poètes grecs et latins.

51. ARENA (Antonius de). Antonius de Arena provençalis
de bragardissima Villa de Soleriis, ad suos compagnones
studiantes qui sunt de persona friantes, bassas..... ; his
posterioribus diebus, grassis augmentatas et a mandatis
conardorum abbatis, Yo de Rothomago in lucem envoya-
tus. *Stampatus in stampata stampatorum*, 1670. — Nova
novorum, novissima, sive poemata macaronica quæ
faciunt crepare lectores et saltare capras ob nimium risum,

per Barth. Bollan. *Stampatus in stampatura stampatorum*,
1670; ensemble 2 parties de 191 p. (la seconde commen-
çant page 107 avec un titre particulier), mar. rouge, fil.,
dos orné, dent. int., tr. dor. (*Derome*).

Edition la plus complète de ces poèmes macaroniques,
suivis de quelques pièces en italien et en patois de Bergame.

52. CATULLUS. Tibullus. Propetius *(sic)*. (In fine) : *Venetiis, in ædibus Aldi,* 1502, pet. in-8, veau grenat, compart. de fil. et dent., dos orné, doubl. et gardes de satin
blanc, doubles gardes de parchemin, tr. ciselées et dor.
(*Denardo*).

Première édition aldine.
Reliure italienne du début du xixᵉ siècle.

53. CLAUDIANUS. Cl. Claudiani quæ exstant. Nic. Hein-
sius recensuit ac notas addidit. *Lugduni Batavorum ex
officina elzeviriana,* 1650, 2 tomes en 1 vol., pet. in-12,
titre gravé, mar. citron, fil., dos orné, dent. int., tr. dor.
(*Rel. anc.*).

Edition estimée.
BEL EXEMPLAIRE relié par BOYET.

54. HESIODUS. Collegium Hesiodeum ubi Græca Hesiodi
ascræi carmina quæ extant, omnia ad unum latine ver-
tuntur cum indice omnium vocum græcarum... *Amstelro-
dami, sumptibus Henrici Laurentii,* 1632, in-8, vélin à
recouvr., fil. dor. (*Rel. anc.*).

L'*Index vocabulorum* forme la seconde partie de l'ouvrage
avec pagination spéciale.
Exemplaire aux armes de CHARLES EMMANUEL III, duc de
SAVOIE.

55. HORACE. OEuvres, traduites en vers par Pierre Daru.
Nouvelle édition corrigée. *Paris, Levrault, Schoell et Cⁱᵉ,*
1804, 2 vol. in-8, mar. rouge à longs grains, encadr. sur

les plats, dos ornés au pointillé, bord. int., tr. dor
(*Bozérian*).

Exemplaire imprimé sur grand papier vélin.
Légères rousseurs.

56. JUVÉNAL. Satires, traduites par J. Dusaulx. *Paris.
Merlin,* 1803, 2 vol. in-8, veau porphyre, pet. encadr.,
dos ornés, tr. marbr. (*Rel. anc.*).

Quatrième édition, augmentée de l'éloge historique de
Dusaulx.

57. LUCRETIUS. (In fine) : *Veneliis, in ædibus Aldi et
Andreæ Soceri,* 1515, pet. in-8, mar. olive, encadr. de
fil. dor. et à froid, fers dor. couvrant les plats, titre au
milieu sur le premier plat, tr. ciselées et dor. (*Rel. anc.*).

Première édition aldine dans ce format.
JOLIE RELIURE aldine d'une conservation parfaite.
De la bibliothèque du baron Léopold Double.

58. PETRONIUS. Titi Petronii arbitri Satyricon et fragmenta. *Berolini, typis I. Fr. Unger,* 1785, pet. in-8, mar.
rouge, compart. de fil. avec dent., dos orné, dent. int.,
doubl. et gardes de tabis bleu, tr. dor. (*Rel. anc.*).

TRÈS BEL EXEMPLAIRE, imprimé sur grand papier vélin, provenant de la bibliothèque A.-A. Renouard, dont le chiffre se
trouve sur le dos de la reliure. Ce bibliophile y avait fait ajouter
dix feuillets renfermant des poésies attribuées à Pétrone, qu'il
fit imprimer spécialement sur grand papier pour les ajouter à
son exemplaire.
Reliure très fraîche dans le genre de Bradel-Derome.

59. PONTANUS (J.). Pontani opera (Urania, sive de stel-
lis. Meteororum. De Hortis hesperidum,..). *Veneliis, in
ædibus Aldi,* 1513. — Joannis Joviani Pontani amorum
libri II. *Ibid., id.,* 1518. Ensemble 2 ouvrages en 1 vol.
in-8, vél., tr. marbr. (*Rel. anc.*).

Exemplaires bien conservés dans une reliure italienne du
xviie siècle.

60. SANNAZARII (Jacobi) Opera omnia, latine scripta, nuper edita. (In fine). *Veneliis, in ædibus hæredum Aldi Manulii, et Andreæ Asulani soceri,* 1535, pet. in-8, veau brun, encadr. de fil. dor. et à froid, milieux tr. dor. (*Rel. anc.*),

> Elégante reliure parisienne, ornée au milieu des plats d'une gerbe de fleurs tenue par une main, au-dessus une couronne fleurdelisée. Les ornements qui la décorent se retrouvent aussi sur les reliures faites pour le roi François Ier.
>
> Sur le titre de ce volume se lit la signature *d'Orléans* !

61. SILIUS ITALICUS. Silii Italici, de Bello punico secundo XVII libri nuper diligentissime castigati. *Veneliis, in ædibus Aldi,* 1523, pet. in-8 de 212 ff., veau fauve, emblème de la Toison d'or au milieu et aux angles des plats, dos orné, tr. dor. (*Rel. anc.*).

> Exemplaire de LONGEPIERRE, avec son emblème répété cinq fois sur chaque plat de la reliure.

62. VIRGILIUS. Publii Virgilii Maronis Bucolica, Georgica et Æneis. *Birminghamiæ, Baskerville,* 1766, pet. in-8, frontisp., mar. rouge, fil., dos orné, dent. int., tr. dor. (*Rel. anc.*).

> Edition imprimée sur papier fin ; celui de cet exemplaire est resté très blanc, contrairement à ce qui arrive presque toujours pour cette édition, dont le papier est souvent taché de rouille. Jolie et très fraîche reliure de DEROME.

b. — POÈTES FRANÇAIS.

63. BELLAY (Joachim du). Recueil de Poésie, présenté à très illustre princesse Madame Marguerite, sœur unique du Roy et mis en lumière par le commandement de ma dicte Dame. Reueu et augmenté par l'auteur. J. D. D. A. (Joachim du Bellay Angevin). *Paris, Imprimerie de Frédéric Morel,* 1561, in-4, mar. bleu, fil., dos orné, doublé

de mar. orange, entièr. couvert de compart. de fil. droits
et courbes avec entrelacs et rinceaux de fers azurés,
doubles gardes, tr. dor. (*Chambolle-Duru rel., Marius-
Michel dor.*).

Première édition de cet ouvrage dans ce format.

64. BENSERADE. Les Œuvres de Monsieur de Benserade.
Suivant la Copie à Paris, chez Charles de Sercy, 1698,
2 vol. pet. in-8, frontisp., vélin à recouvrem. (*Rel.
anc.*).

Exemplaire très bien conservé d'un recueil recherché ; le
second volume renferme tous les vers composés par Benserade
pour 24 ballets dansés à la Cour devant Louis XIV.

65. CHAULIEU. Œuvres, *La Haye, chez Gosse junior*
(*Paris, Cazin*), 1777, 2 vol. in-18, mar. rouge, fil., dos
ornés, tr. dor. (*Rel. anc.*).

Portrait non signé.
Signature manuscrite sur les faux titres.

66. CRÉTIN (Guillaume). Les Poésies de Guillaume Crétin. *Paris, Antoine Urbain Coustelier*, 1723, pet. in-8,
mar. rouge, fil., dos orné de crosses et de mitres, tr. dor.
(*Rel. anc.*).

Exemplaire de Mgr CHOISEUL-BEAUPRÉ, évêque de Mende.

67. DESPORTES (Ph.). Les Premières Œuvres de Phi-
lippes Des Portes, au Roy de France et de Pologne,
reueues, corrigées et augmentées outre les précédentes
impressions. *Paris, Félix le Mangnier*, 1587, in-12, vélin
à recouvr., fil., milieux en médaillons de feuillage avec
les initiales A. C., dos orné, tr. dor. (*Rel. anc.*).

Légères mouillures aux derniers feuillets.
La reliure a été légèrement restaurée et les gardes sont
modernes.

68. MALHERBE. Poésies. *Paris, Didot l'aîné*, 1815, in-8,

pap. vélin, mar. citron, encadr. de dent. à froid, fil. et ornem. d'angles à l'éventail dor. et à froid, dos orné à petits fers et de pet. points dorés, dent. int., tr. dor. (*Bozérian*).

> De la « Collection des meilleurs ouvrages de la langue française dédiée aux amateurs de l'art typographique ».
> Jolie et fraîche reliure.

69. MAROT (Clément). OEuvres de Clément Marot de Cahors, valet de chambre du Roy, reveües & augmentées de nouveau. *La Haye, Adrian Moetjens*, 1700, 2 vol. pet. in-12, mar. vert, fil., dos ornés à la grotesque, dent. int., tr. dor. (*Rel. anc.*).

> Bonne édition sous cette date.
> JOLI EXEMPLAIRE.

70. RÉGNIER. OEuvres de Régnier, nouvelle édition, considérablement augmentée. *Londres (Paris, Cazin)*, 1780, in-18, portr. gr. par Duponchel, mar. bleu à longs grains, pet. dent., dos orné à petits fers et mosaïqué, bord. int., tr. dor. (*Bozérian*).

> Frontispice de l'édition de Génève (Paris, Cazin), 1777, gravé par *de Launay*, d'après *Marillier*, ajouté.

71. ROMMANT DE LA ROSE (Le) nouvellement reveu et corrigé oultre les précédentes impressions (par Clément Marot). *On les vend à Paris, par Galliot du Pré (impr. de Pierre Vidoue)*, 1529, 1 tome en 2 vol. pet. in-8, mar. rouge, pet. bordure et fleur. d'angles, dos ornés, titre et tomaison sur mar. vert, tr. dor. (*Rel. anc.*).

> Jolie édition, parfaitement imprimée en lettres rondes; elle est ornée d'un grand nombre de petites figures sur bois.
> Exemplaire de la bibliothèque de Viollet le Duc dans une reliure du xviiie siècle.

72. ROUSSEAU (J.-B.). Odes, Cantates, épîtres et poésies

diverses de J. B. Rousseau, imprimé par ordre du Roi
pour l'éducation de Monseigneur le Dauphin. *Paris,
Didot fils aîné,* 1790, in-4, papier vélin, mar. vert, fil. et
roulette, dos orné, dent. int., doubl. et gardes de tabis
rose, tr. dor. (*Rel. anc.*).

Edition tirée à 250 exemplaires sur papier vélin.

73. SARASIN (Jean-François). Les OEuvres de Monsieur
Sarasin. *Paris, Nicolas Le Gras;* 1685, 2 part. en 1 vol.
in-12, réglé, mar. rouge, fil., dos orné à la grotesque,
dent. int., tr. dor. (*Rel. anc.*).

Edition recherchée, beaucoup plus complète que les précédentes. Elle débute par une Epître dédicatoire de Ménage à
Mademoiselle de Scudéry et par un Discours de Pelisson sur
les OEuvres de Sarasin.
Exemplaire réglé dans une bonne reliure, aux armes de
Malarmey de Roussillon, provenance des plus rares. Il porte
l'ex-libris d'un descendant de cette famille et celui du marquis
de Coislin.
De la bibliothèque B. Delessert.

74. THÉOPHILE (de Viau). Les OEuvres de Théophile
diuisées en trois parties... dédiées aux beaux esprits de ce
temps, reueues et corrigées en cette dernière édition de plusieurs fautes notables. *Paris, Nicolas Pepingué,* 1662,
2 part. en 1 vol. in-12, mar. rouge, compart de fil. à la
Du Seuil, dos orné, dent. int., tr. dor. (*Rel. anc.*).

Bel exemplaire de la bibliothèque de Charles Nodier, auquel
Aimé Martin a ajouté des notes manuscrites qu'il avait recueillies dans l'exemplaire du poète Le Brun.

c. — Poètes étrangers.

75. ALAMANNI (Luigi). Girone il Cortese di Luigi Alamanni. Nuovamente riveduto e coretto con altre agiunte
del autore medesimo. *In Vinegia, per Comin da Trino di*

Monferrato, 1549, pet. in-4, mar. rouge, fil., dos orné, dent. int., tr. dor. (*Rel. anc.*).

> Titre dans un encadrement gravé sur bois et nombreuses figures sur bois.
> Reliure de DEROME très fraîche, avec son étiquette à l'intérieur du volume.
> Le titre présente des traces de brûlures.

76. ARETINO (Pietro). Tre primi canti di Marfisa del Divino Pieto Aretino, nuovamente stampati, & historiati. (A la fin) : *Stampata in Vinegia, per Giovanne Andrea Vavassore*, 1544, in-8, mar. vert, fil., dos plat avec titre en long, dent. int., tr. dor. (*Rel. anc.*).

> Portrait de l'Aretin gravé sur bois sur le titre et vignettes sur bois dans le texte.
> Exemplaire relié par DEROME, avec son étiquette à l'intérieur du volume.

77. ARETINO (Pietro). Dubbii amorosi, altri dubbii e sonetti lussuriosi di Pietro Aretino. *Nella stamperia del Forno, alla cornona de Cazzi, s. d. (Paris, Grangé, vers 1757)*, in-16, mar. vert à longs grains, encadr. à la grecque, dos orné et mosaïqué, roulette intérieure. doubl. et gardes de tabis rose, tr. dor. (*Bozérian*).

> Exemplaire imprimé sur **papier de Hollande**.

78. BOIARDO (Matteo). Orlando innamorato di Matteo Bojardo rifatto da Francesco Berni. *Parigi, Molini*, 1768, 4 vol. in-12, portr., mar. rouge, fil., dos ornés à la grotesque, tr. dor. (*Rel. anc.*).

> Portrait de Berni et titre gravé à chaque volume.

79. CRESCIMBENI (Gio. Mar.). Istoria della volgar poesia scritta da Gio-Mario Crescimbeni. *Venezia, Lorenzo Basegio*, 1730-1731, 6 vol. in-4, portr. et fig., mar.

rouge, fil., dos ornés, dent. int., tr. dor. (*Rel. anc.*).

On y joint : Bachelli : Della novella poesia, cioe del vero genere e particolari belleze della Poesia italiana, libri tre. *Verona, 1732, 3 parties en 1 vol. in-4, même reliure.*
BEAUX EXEMPLAIRES portant sur les titres l'étiquette du relieur PADELOUP.

80. DANTE. Le terze rime di Dante. (A la fin :) *Venetiis, in ædib. Aldi, 1502, in-8, mar. rouge, compart. de fil. avec ornem. et motifs à froid, dos orné, dent. int. tr. dor. (Trautz-Bauzonnet).*

Première édition publiée par les Alde ; elle est fort rare. Exemplaire bien relié.

81. FOLENGO (Theophilo). Orlandino di Limerno pitocco, nuovamente stampato, diligentemente corretto ed arricchito di annotazioni. *Londra, e si trova a Parigi, presso Molini, 1773, in-8, titre gravé de Moreau, mar. rouge, fil., dos orné, dent. int., tr. dor. (Rel. anc.).*

Exemplaire de la bibliothèque Beckford imprimé sur **grand papier de Hollande** et dans une bonne reliure de PADELOUP, très fraîche.

82. PIGNA (Giov. Bat.). I Romanzi, al. s. donno Luigi da Este, vescovo di Ferrara, divisi in tre libri ; ne quali della poesia e della vita dell' Ariosto con nuovo modo si tratta. *Vinegia, appresso Vincenzo Valgrisi, 1554, in-4, dos et coins de veau fauve, dos orné, tr. jasp. (Bauzonnet-Trautz).*

Petites piqûres de vers.

83. PINDEMONTE. Saggio di Poesie campestri del cavalier Pindemonte. *Parma, della Reale Stamperia, 1788, in-16, papier de Hollande, titre gravé, mar. rouge, fil. à froid, dos orné, doubl. et gardes de tabis bleu ciel, dent. int., tr. dor. (Rel. anc.).*

L'exemplaire est terminé par 92 pages manuscrites, conte-

nant une traduction française en prose de pièces contenues
dans cet ouvrage : les quatre parties du jour et Lamentations
d'Arisse sur la mort de Joseph Torelli.

De la bibliothèque de Madame Arman de Caillavet.

84. RUSCELLI. I Fiori delle Rime de poeti illustri nuoua-
mento raccolti & ordinati da M. Girolamo Ruscelli.
Venetia, 1586, pet. in-12, mar. rouge, fil., dos orné, tr.
dor. (*Rel. anc.*).

Reliure dans le genre de DEROME.

3. — Poésie dramatique.

85. TERENTIUS. Publii Terentii comœdiæ sex, ex recensione Heinsiana. *Lugd. Batavorum, ex officina Elzeviriana,*
1635, pet. in-12, mar. rouge, fil., dos orné, dent. int.,
tr. dor. (*Rel. anc.*).

Imprimé par Bonaventure et Abraham Elzevier.
Willems, n° 433.
Première édition sous cette date, avec le fleuron final au
crabe.
JOLI EXEMPLAIRE dans une reliure de DEROME de la plus grande
fraîcheur.

86. BARON. Le Théâtre de M' Baron augmenté de deux
pièces qui n'avaient point encore été imprimées & de
diverses poésies du même auteur. *Paris, aux dépens des
Associés,* 1759, 3 vol. in-12, mar. citron, compart. de
fil., milieu orné, dos ornés, dent. int., tr. dor. (*Rel. anc.*).

87. BORÉE. Les Princes victorieux, tragédies françoises.
A Scavoir, I. Amé le Grand comte de Sauoye, sur Otho-
man premier empereur des Turcs. II. Béral premier duc,
sur les Genevois, par le commandement de l'empereur

Othon, son oncle....., par Monsieur Borée. *A Lyon par
Vincent de Cœurdilly,* 1627, in-8, front. gravé, vélin, dos
et plats couverts d'un semis de petits compart. de filets,
de flammes et de croix de Savoie, tr. dor. (*Rel. anc.*).

> Exemplaire de dédicace à Charles-Emmanuel de Savoie,
> recouvert d'une curieuse reliure.
> Fortes mouillures.

88. COLLIN D'HARLEVILLE. Les Mœurs du Jour ou
l'École des jeunes femmes, comédie en cinq actes et en
vers. *Paris, Huet, an* VIII (1800), in-8, mar. vert, encadr.
de 2 fil. dor. et de losanges réunis par un fil. au pointillé,
dos orné des attributs de la musique et de motifs au pointillé, dent. int., tr. dor. (*Rel. anc.*).

> EDITION ORIGINALE ; sur le faux titre, cet envoi :
> *De la part de la reconnoissance,*
> AMEL.
> Jolie reliure, sans doute de DEROME.

89. LE HOC. Pyrrhus ou les Æacides, tragédie en cinq actes,
Paris, Lecouvreur, 1807, front. — Baour-Lormian. Omasis
ou Joseph en Égypte, tragédie en cinq actes et en vers,
par Baour-Lormian. *Paris, Vente,* 1807, 2 pièces en
1 vol. in-8, veau fauve, fil., dos orné, bord. int. à la
grecque, tr. dor. (*Bozérian*).

90. MYSTÈRE DES ACTES DES APOSTRES. Le premier
(et le second) volume des Catholicques œuvres et Actes
des Apostres redigez en escript par Saint Luc..... Auecques
plusieurs hystoires en icelluy inserez des gestes des Cesars
Et les desmonstrances des figures de L'apocalipse veues
par Saint Jehã Zebedee en lisle de Pathmos soubz Domician
Cesar auecqs les cruaultez tant de Néron que dicelluy
Domician. Le tout veu et corrigé bien et deuemēt (par
Arnoul et Simon de Gréban) selon la vraye vérité et joué
par personnages à Paris en lhostel de flandres Lan Mil

cinq cens xli. *Paris, Arnoul et Charles les Angeliers,*
1541. — Lapocalypse de sainct Jehan Zébédée (par Louis
Choquet), 1541, 3 tomes en 1 vol. in-fol., goth. à 2 col.,
réglé, fig. sur bois, mar. bleu foncé, fil., dos orné, dent.
int., tr. dor. (*Rel. anc.*).

> Edition plus complète que les précédentes qui ne renferment
> pas l'Apocalypse.
> BEL EXEMPLAIRE relié par DEROME, portant à l'intérieur l'ex-
> libris gravé de Brancas de Lauraguais.

91. QUINAULT. Le Théâtre de Monsieur Quinault. Nou-
.velle édition, enrichie de figures en taille-douce. *Paris,
La Compagnie des Libraires,* 1739, 5 vol. in-12, front. et
fig., mar. rouge, fil., dos ornés, dent. int., tr. dor.
(*Rel. anc.*).

> BEL EXEMPLAIRE aux armes de CHOISEUL, duc de PRASLIN.

----

92. ARIOSTO. Comedie di M. Lodovico Ariosto, cioé, i
Suppositi, la Cassaria, la Lena, il Negromante et la Sco-
lastica. *In Firenze,* 1724, 5 part. en 1 vol. in-12, mar.
rouge, dent., dos orné, tr. dor. (*Rel. anc.*).

> La jolie dentelle et les armes de Victor-Amédée de SAVOIE,
> prince de Carignan, qui ornent la reliure sont postérieures à
> cette dernière.

93. ALFIERI (Vittorio). Tragedie di Vittorio Alfieri da
Asti. *Firenze, Giuseppe Molini,* 1821, 2 vol. in-18, front.
et titres gravés, veau fauve, fil., dos ornés à la grotesque,
dent. int., tr. dor.

> Edition imprimée en caractères très fins.
> Bonne reliure de BAUZONNET-TRAUTZ.

94. GUARINI (Battista). Il Pastor fido, tragi-comedia pastorale. *Venetia, Bonfaldino,* 1590, in-4, mar. noir, encad.

de 6 fil. gras et maigres, contenant une décoration à froid, formée de petits caissons, titre de l'ouvrage poussé en or sur le premier plat, dos orné, 5 fil. int. dor., tête dor., étui (*Kieffer*).

Edition rare, regardée comme la première de cette Pastorale.

4. — Romans.

95. BARCLAIUS (J.). Euphormionis Lusinii, sive Ioannis Barclaii Satyricon, partes quinque, cum clavi. Accessit conspiratio anglicana. *Lugduni Batavorum, ex officina Elzeviriana,* 1637, pet. in-12, titre gravé, mar. rouge, fil., dos orné, dent. int., tr. dor. (*Rel. anc.*).

La cinquième partie de cet ouvrage est de Barth. Morisot, de Dijon. C'est une satire violente contre les jésuites qui la firent condamner par arrêt du parlement de Dijon.

96. BUSSY-RABUTIN. Histoire amoureuse des Gaules. *S. l. n. d.* (vers 1670), in-12, titre gravé, mar. rouge, fil., dos orné, tr. dor. (*Rel. du XVIIe siècle*).

Cette édition que l'on ajoute aux Elzevier est assez recherchée. Le texte a 224 pages chiffrées, suivies d'un feuillet séparé qui contient le fameux cantique : *Que Dedoatus est heureux!* L'ouvrage est terminé par 10 pages qui renferment la copie d'une lettre écrite au duc de Saint-Aignan par le comte de Bussy.
Comme les noms propres sont dans le texte, il n'y a pas de clef.
Petit raccommodage dans la marge du titre gravé.

97. CHATEAUBRIAND. Les Martyrs ou le Triomphe de la religion chrétienne. *Paris, Le Normant,* 1809, 2 vol. in-8, demi-rel. veau brun jasp., plats de papier gris

moucheté de noir, dos avec pièces de mar. rouge, tr.
jasp. (*Rel. de l'époque*).

ÉDITION ORIGINALE.

98. DIDEROT. Le Neveu de Rameau, dialogue. Ouvrage
posthume et inédit par Diderot. *Paris, Delaunay*, 1821,
in-8, portr., mar. rouge à longs grains, compart. de fil.
pleins et au pointillé, motifs d'angles, dos orné, fil. int.,
non rogné, étui (*René Kieffer*).

PREMIÈRE ÉDITION SÉPARÉE.
En tête de l'exemplaire se trouve relié un extrait du catalogue
général de Delaunay.

99. LE SAGE. Histoire de Gil Blas de Santillane. *Paris, de
l'Imprimerie de Didot l'aîné*, 1819, 3 vol. in-8, mar. bleu
foncé à longs grains, compart. de fil. avec encadr. de guirlande de roses, dos ornés, bord. à la grecque, doubl. et
gardes de tabis rose, tr. dor. (*Rel. de l'époque*).

BEL EXEMPLAIRE imprimé sur papier fin et relié aux armes de
la duchesse de BERRY, avec l'ex-libris de la bibliothèque de
Rosny, à l'intérieur du premier volume.
Le baron Ménard, qui fut arrêté avec la duchesse de Berry,
devint possesseur de cet exemplaire et y fit ajouter sur les premiers plats des volumes son chiffre au-dessous des armoiries et
la couronne de baron au-dessus.

100. YVER (Jacques). Le Printemps d'Yver. Contenant
cinq histoires, discourues par cinq journées, en une noble
compagnie, au chasteau du Prin-temps. Par Iaques Yver,
Seigneur de Plaisance & de la Bigottrie, gentilhomme
poictevin. Reveu & corrigé de nouveau. *A Niort, par
Thomas Portau*, 1598, pet. in-12, mar. vert à longs
grains, encadr. de 4 fil. dor. et de petits cercles, dos orné au
pointillé, bord. int., tr. dor. (*Rel. du début du XIXe siècle*).

JOLI EXEMPLAIRE d'un recueil de nouvelles mélangé de vers.
Reliure très fraîche.

101. ARETINO (Pietro). Dialogo di M. Pietro Aretino, nel quale la Nanna, il primo giorno insegna a la Pippa sua figlivola a esser puttana ; nel secondo gli conta i tradimenti che flanno gli huomini a le meschine che gli credono.... (A la fin) : *Impressa in Turino*, 1536, pet. in-8, mar. poli vieux rouge, dent. à pet. fers, dos orné, fil. int., tr. dor. (*Bauzonnet*).

> Seconde partie des *Ragionamenti* imprimée, comme la première, en lettres italiques. Quoique daté de Turin cet ouvrage doit sortir des presses de Venise.

102. ARETINO (Pietro). La Terza et ultima parte de Ragionamenti del Divino Pietro Aretino ne la quale si contengono due raggionamenti cioe de le Corti, e del Giuoco, cosa morale, e bella. *Veritas odium parit. Appresso Gio. Andrea del Melagrano*, 1589, 2 part. en 1 vol. pet. in-8, mar, rouge, dos orné, dent. int., tr. dor. (*Rel. anc.*).

> Cette troisième partie est la seule qui ait été publiée en 1589, pour servir de suite à l'édition de 1584. Les 66 premiers feuillets contiennent les *Ragionamenti della corti*, et les autres (ff. 66 à 202) le *Ragionamento del gioco* avec un titre particulier. Cette troisième partie n'a pas été réimprimée dans le recueil daté de 1660.

103. ARETINO (Pietro). Capricciosi & piaceuoli ragionamenti di M. Pietro Aretino, nuoua editione. *Stampati in Cosmopoli*, 1660, in-8, mar. bleu, fil., milieux et angles ornés de feuillages à petits fers, dos orné, dent. int , tr. dor. (*Duru*, 1861).

> Édition la plus belle et la plus recherchée de cet ouvrage, terminé par « la *Puttana errante overo dialogo di Madalena é Giulia* » (38 pages). Ce dialogue, imprimé avec les mêmes caractères que les *Ragionamenti*, paraît dans ce recueil en édition originale.
> BEL EXEMPLAIRE.

104. DOMENICHI (Lod.). Facetie, Motti, et Burle di

duersi Signori, & persone priuate, raccolte per Lodovico
Domenichi. *Venetia, Appresso Paulo Ugolino,* 1599, in-8,
mar. rouge, fil., dos orné, dent. int., tr. dor. (*Rel.
anc.*).

Exemplaire aux armes de la marquise de Pompadour.

105. FIELDING (Henry). The History of Tom Jones a
foundling. By Henry Fielding, esq. *Paris, printed by
Fr. Amb. Didot,* 1780, 4 vol. in-8, mar. rouge à longs.
grains, fil., dos ornés, bord. int., tr. dor. (*Rel. anc.*).

Exemplaire imprimé sur **grand papier.**

106. MEURSIUS. J. Meursii elegantiæ latini sermonis.
S. l. n. d., 2 part. en 1 vol., pet. in-12, mar. rouge,
dent., dos orné à la grotesque, bord. int., tr. dor. (*Rel.
anc.*).

Edition imprimée en Hollande vers 1680; elle ne possède
qu'un faux titre à chaque partie et passe pour être plus belle et
plus complète que celles imprimées antérieurement.

Elle est différente de l'édition signalée par Brunet (III,
1686) et présente cette particularité : la seconde partie com-
mence par deux feuillets non chiffrés et le texte du *Colloquium VI*
qui fait suite immédiatement est paginé 15.

Reliure d'Anguerrand très fraîche.

5. — Satires, épistolaires, etc.

107. GELLIUS (Aulus). Auli Gellii Noctivm atticarvm
libri vndeviginti (A la fin :) *Venetiis. in ædibvs Aldi et
Andreæ soceri, mense septembri. M. D. XV.* (1515), in-8,
mar. tête de nègre, encadrem. de style vénitien sur les
plats, dent. int. à froid, tr. dor., étui (*Noulhac*).

Première édition aldine.
Exemplaire du premier tirage.

108. GELLIUS (Aulus). Auli Gellii, Noctes atticæ, editio

nova et prioribus omnibus doctis hominis, cura multo
castigatior. *Amstelodami, apud Ludovicum Elzevirium,*
1651, pet. in-12, titre gravé, mar. rouge à longs grains,
encadr. de feuillages, dos orné au pointillé, bord. int.
doubl. et gardes de tabis bleu, tr. dor. (*Bozérian*).

Bel exemplaire des bibliothèques L. Pasquier et de Salvert.

109. **CICERO.** M. T. Ciceronis Epistolarum ad Atticum,
ad Brutum, ad Quintum fratrem, libri XX. (A la fin :)
*Venetiis, in ædibus Aldi et Andreæ soceri, mense junio
MDXIII.* (1513), in-8, mar. tête de nègre, encadrem. de
style vénitien sur les plats, dent. int. à froid, tr. dor.,
étui (*Noulhac*).

Première édition aldine.

110. **LUCIANUS.** Dialogi di Luciano philosopho, nelli-
quali sotto piaceuoli ragionaméti si tratta la vita morale,
& come lhuomo si debbe gouernare nel suo vivere... (A
la fin :) *Vinegia, Francesco Bindoni & Mapheo Pasini com-
pagni,* 1527, pet. in-8, titre gravé, dans un encadr. fig.
sur bois, veau jaspé, dos orné, tr. jasp. (*Rel. du
XVIIIe siècle*).

Traduction ornée de nombreuses petites figures ombrées
gravées sur bois.

---

111. **BACHAUMONT.** Mémoires secrets pour servir à
l'histoire de la République des lettres en France, depuis
1762, jusqu'à nos jours ou Journal d'un observateur.
Nouvelle édition, considérablement augmentée. *Londres,
Adamson,* 1781-1789, 36 vol. in-12, veau fauve, encadr.
dor. sur les plats, dos ornés à la grotesque, titres et tomaison sur mar. vert, tr. marbr. (*Rel. anc.*).

Bel exemplaire dans une jolie et fraîche reliure ancienne.
Collection fort rare en pareille condition.

112. ENTRETIENS DES VOYAGEURS (Les) sur la mer. Nouvelle édition, revue et corrigée, avec des figures en taille-douce (par Flournois). *La Haye, Isaac van der Kloot,* 1740, 4 vol. in-12, mar. rouge, fil., dos ornés, dent. int., tr. dor. (*Rel. anc.*).

113. ESTIENNE (H.). Apologie pour Hérodote ou Traité de la Conformité des merveilles anciennes avec les modernes par Henri Estienne, nouvelle édition augmentée de remarques par M' Le Duchat. *La Haye, Henri Scheurleer,* 2 tom. en 3 vol., pet. in-8, mar. rouge, fil., dos ornés, bord, int., tr. dor. (*Rel. anc.*).

Edition ornée de 3 figures non signées et recherchée pour les commentaires de Le Duchat; le XXI chapitre qui a trait « à la lubricité et paillardise des gens d'église » s'y trouve en entier.

114. LETTRES PORTUGAISES. Nouvelle édition, avec les imitations en vers par Dorat. *Paris, de l'Imprimerie de Delance,* 1806, in-8, mar. rouge à longs grains, dent., dos orné, bord. int., tr. jaunes (*Rel. anc.*).

Exemplaire imprimé sur **grand papier vélin** de cette édition avec une notice de Mercier de S' Léger et des notes de Barbier.
Quelques piqûres.

---

115. MANUTIUS (Aldus). De Quæsitis per epistolam Libri III. *Venetiis, Aldus,* 1576, 3 part. en 1 vol. pet. in-8, demi-rel. basane marbr. (*Rel. du XVIIIe siècle*).

Ouvrage estimé qui renferme trente questions d'antiquité.

116. TASSO (Bernardo). Le Lettere di M. Bernardo Tasso intitolate a Monsi^{or} d'Arras, con gratia & priuilegio del

sommo Pontefice Paolo III. *Vinegia, Erasmo Valgrisi,* 1549, in-8, mar. rouge, compart. de fil. droits et courbes, milieux, fleurons et ornem. d'angles, dos orné à froid, tr. dor. (*Rel. anc.*).

> Elégante reliure italienne du xvi⁰ siècle d'une conservation parfaite.
> Annotations dans les marges d'une jolie écriture de l'époque.

6. — Polygraphes.

117. CICERO. M. Tullii Ciceronis opera cum optimis exemplaribus accurate collata. *Lugd. Batavorum, ex officina Elzeviriana,* 1642, 10 vol. pet. in-12, titre gr., mar. rouge, fil., dos ornés, dent. int., tr. dor. (*Rel. anc.*).

> Edition faite sur le texte de Gruter, fort jolie et très recherchée.
> BEL EXEMPLAIRE (haut. 0ᵐ,130) relié par DEROME dont l'étiquette est à l'intérieur du premier volume.
> De la bibliothèque de Champ-Repus.

118. **CICERO.** M. Tullii Ciceronis opera recensuit J. N. Lallemand. *Parisiis, Saillant, Desaint, Barbou,* 1768, 14 vol. in-12, réglés, portr., mar. rouge, larg. dent., dos ornés, dent. int. doubl. et gardes de moire bleue, tr. dor. (*Rel. anc.*).

> BEL EXEMPLAIRE dans une jolie reliure ornée sur les plats d'une large dentelle à petits fers. La couleur des dos est un peu passée.

---

119. CHAMFORT. Œuvres complètes, seconde édition revue, corrigée, précédée d'une Notice sur sa vie, et augmentée de son Discours sur l'influence du génie des grands écrivains: *Paris, Colnet, Fain,* 1808, 2 vol. in-8,

demi-rel. mar. bleu, dos ornés, tr. marb. (*Rel. de l'époque*).

PREMIER TIRAGE de cette édition réimprimée chez Maradan en 1810 ; la notice est extraite de celle de Ginguené par M. Colnet.

120. DIDEROT. Mémoires, correspondance et ouvrages inédits de Diderot, publiés d'après les Manuscrits confiés, en mourant, par l'auteur à Grimm. Deuxième édition augmentée. *Paris, Paulin*, 1831-1834, 4 vol. in-8, mar. rouge, compart. de fil. à la Du Seuil, dos ornés au pointillé, dent. int., tr. dor. (*Capé*).

121. MONTESQUIEU. OEuvres de Monsieur de Montesquieu, nouvelle édition, revue, corrigée et considérablement augmentée par l'auteur. *Amsterdam & à Leipsick, chez Arkstée & Merkus*, 1758, 3 vol. in-4, mar. rouge, fil., dos ornés, dent. int., tr. dor. (*Rel. anc.*).

La couleur des dos des reliures a passé.

122. PIRON (Alexis). OEuvres complettes d'Alexis Piron, publiées par M. Rigoley de Juvigny. *Paris, de l'Imprimérie de M. Lambert*, 1776, 7 vol. in-8, portr., mar. rouge, fil., dos ornés, dent. int., tr. dor. (*Rel. anc.*).

BEL EXEMPLAIRE imprimé sur grand papier de Hollande et bien relié.

123. VOISENON (Cl. Henri de Fusée de). OEuvres complettes de M. l'abbé de Voisenon, de l'Académie française (publiées par Mme de Turpin). *Paris, Moulard*, 1781, et *Amsterdam*, même année (pour le 5e volume), 5 vol. in-8, portr., mar. rouge, fil., dos ornés, bord. int., tr. dor. (*Rel. anc..*).

BEL EXEMPLAIRE ; le cinquième volume est formé de romans et contes attribués à Voisenon.

124. VOLTAIRE. Recueil de Pièces en vers et en prose

(par Voltaire). *Amsterdam (Paris, Lambert)*, 1750, in-12,
mar. rouge, fil., dos plat orné, avec titre en long, dent.
int., tr. dor. (*Rel. anc.*).

Le titre de cette édition, citée par Bengesco, porte en plus :
« par l'auteur de Semiramis ».
ÉDITION ORIGINALE de *Memnon* et première édition sous ce
titre de : *Babouc ou le Monde comme il va* [Bengesco, IV, p. 220].
Exemplaire aux armes d'Antoine de FERRIOL, comte de PONT
DE VESLE.

---

125. MACHIAVELLI. Tutte le opere di Niccolo Machiavelli cittadino e segretario fiorentino, divise in II tomi e
di nuovo con somma diligenza corrette e ristampate.
Londra, 1747, 2 vol. in-4, mar. bleu foncé, fil., dos
ornés, dent. int. doubl. et gardes de tabis rose, tr. dor.
(*Rel. anc.*).

Bonne reliure du dix-huitième siècle.

IV. — HISTOIRE

I. — Géographie. — Histoire universelle.

126. JOUVIN. Le Voyageur d'Europe, où est le voyage de
Turquie qui comprend la Terre Sainte et l'Egypte. Dédié
à Monseigneur de Pomponne, secretaire d'Estat. *Paris,
Claude Barbin,* 1676, in-12, mar. rouge, fil., semis de
monts et de palmes, chiffre aux angles, dos orné, tr. dor.
(*Rel. anc.*).

Exemplaire de dédicace, relié aux armes de Simon Arnauld,
comte de POMPONNE, et dont les plats sont semés des pièces d'armoiries de ce personnage.
Curieuse reliure.

127. LA LANDE (de). Voyage d'un françois en Italie, fait dans les années 1765 et 1766. *Venise et se trouve à Paris,* 1769, 8 vol. in-12, plans, veau marbr., dos ornés, tr. rouges (*Rel. anc.*).

> Ouvrage contenant l'Histoire et les Anecdotes les plus singulières de l'Italie et sa description, les Mœurs, les Usages, le Gouvernement, le Commerce, la Littérature, les Arts, l'Histoire Naturelle et les Antiquités, avec des jugemens sur les Ouvrages de Peinture, Sculpture et Architecture et les Plans de toutes les grandes villes d'Italie.

128. STRABO. Strabonis rerum geographicarum libri XVII. Subjiciuntur Chrestomathiæ græc. & lat. *Amstelædami, apud J. Wolters,* 1707, 1 tome en 2 vol. pet. in-fol., titre gravé, mar. bleu à longs grains, encadr. à la grecque, dos ornés de mappemondes dor., entre-nerfs mosaïqués en mar. rouge, bord. int. dor., doubl. et gardes de pap. rouge, tranches dor. (*Bozérian*).

> Bel exemplaire dans une reliure très fraîche.

---

129. BOSSUET. Discours sur l'Histoire universelle à Monseigneur le Dauphin, pour expliquer la suite de la Religion & les changements des Empires. *Paris, Sébastien Mabre-Cramoisy,* 1681, in-4, veau brun, dos orné, tr. jasp. (*Rel. anc.*).

> Édition originale.
> Reliure fatiguée.

130. THOU (J.-A. de). Abrégé de l'histoire universelle de J.-A. de Thou, avec des remarques par Rémond de S\ie Albine. *La Haye,* 1759, 11 vol. in-12, mar. rouge, fil., dos ornés, dent. int., tr. dor. (*Rel. anc.*).

2. — Histoire ancienne.

131. BOS (Lambert). Antiquités de la Grèce en général et d'Athènes en particulier, par Lambert Bos, avec des notes de M. Frédéric Leisner. *Paris. Bleuel,* 1769, in-12, mar. rouge, fil., fleur aux angles, dos orné, tr. dor. (*Rel. anc.*).

132. CÆSAR. C. Julii Cæsaris quæ extant, ex emendatione Jos. Scaligeri. *Lugduni Batavorum, ex officina Elzeviriana,* 1635, 1 tome en 2 vol. pet. in-12, fig. et cartes, mar. rouge, fil., dos ornés à la grotesque, gardes de papier doré, dent. int., tr. dor. (*Rel. anc.*).

> Bel exemplaire de la bonne édition sous cette date, avec les fautes de pagination.

133. CÆSAR. C. J. Cæsaris et aliorum de bellis Gall. Commentarii. *Lugd. Bat., Luchtmans,* 1737, in-4, front. gr. et fig., vélin, compart. de fil. à froid, milieux et fleurons d'angles dor., tr. jasp. (*Rel. anc.*).

> Reliure hollandaise aux armes de la ville de Leyde, dans un joli médaillon.

134. CÉSAR. Commentaires, avec des notes historiques, critiques et militaires, par le Comte Turpin de Crissé. *Montargis et Paris, de Bure,* 1785, 3 vol. in-4, veau écaille, fil., dos ornés, dent. int., tr. dor. (*Rel. anc.*).

> Vignette sur les titres, 2 portraits et 40 planches qui se déplient.
> Exemplaire aux armes de Charles-Claude de Langeron, lieutenant général des Armées du Roi.

135. CORNELIUS NEPOS. De Vita excellentium Imperatorum ex recognitione Steph. And. Philippe. *Lutetiæ*

Parisiorum, J. Barbou, 1754, in-12, mar. citron, fil.,
dos orné, tr. dor. (*Rel. anc.*).

> Frontispice de *Cochin*, gravé par *Fessard*, fleurons sur le
> titre, médaillons à portraits, vignettes et culs-de-lampe dont
> quelques-uns se répètent.

136. FLÉCHIER. Histoire de Théodose le Grand pour
Monseigneur le Dauphin, par Monsieur Fléchier. *Paris,
Sébastien Mabre Cramoisy*, 1679, in-4, réglé, mar. rouge,
fil., dos orné, doublé de mar. rouge, dos fleurdelisé,
dent., tr. dor. (*Rel. anc.*).

> ÉDITION ORIGINALE.
> Exemplaire aux armes de Marie-Adélaïde de SAVOIE, duchesse
> de BOURGOGNE.
> Provenance très rare sur des livres autres que des ouvrages
> de piété.

137. FLORUS, L. Annæi Flori Epitome rerum romana-
rum, cum integris Salmasii, Freinshemii, Grævii et
selectis aliorum animadversionibus recensuit, suasque
adnotationes addidit Carolus Andreas Dukerus. Editio
altera, auctior et emendatior. *Lugduni Batavorum,
S. Luchtmans*, 1744, 2 vol. in-8, frontisp. grav., mar
bleu, encadr. de fil. et petits cercles, dos ornés et mosaïqués, bord. int. à la grecque, doubl. et gardes de tabis
rose, très large dent., tr. dor. (*Bozérian*).

> Bonne édition ; à la fin du second volume se trouve le *Liber
> memorialis* de Lucius Ampelius.

138. HISTORIÆ AUGUSTÆ SCRIPTORES. Nervæ et
Trajani, atque Adriani Cæsarum vitæ, ex Dione Spartia-
nus, Jul. Capitolinus, etc. ab J. B. Egnatio castigati.
Heliogabali ad meretrices oratio. Egnatii de Cæsaribus
libri III. Ejusdem in Spartiani, Lampridiique vitas...
annotationes, Aristidis Smyrnæi oratio de laudibus urbis
Romæ a Scipione Cateromacho in latinum versa etc...

Veneliis, in ædibus Aldi et Andr. Asulani soceri, 1519,
in-8 de 8 ff. prélim., 422 ff. et 2 ff. pour la souscript.
et l'ancre aldine, mar. brun, compart. de fil. dor. et à
froid, milieux de fers pleins (*Rel. du XVIe siècle*).

> Edition préférée à celle de 1516, et beaucoup plus complète
> que cette dernière.
> Reliure aldine portant sur le premier plat les mots : *Spar-*
> *tianus et alii.*

139. LIVIUS (Titus). Titi Livii Historiarum quod extat, ex
recensione J.-Fr. Gronovii. *Amstelodami, apud Danielem*
Elzevirium, 1678, in-12, mar. rouge, fil., dos orné, dent.
int., doubl. et gardes de tabis bleu, tr. dor. (*Rel. anc.*).

> BEL EXEMPLAIRE de cette remarquable édition elzevirienne
> contenant le frontispice gravé dans son premier état. Reliure
> de DEROME.
> Haut : 152 millimètres.
> De la bibliothèque Eugène Paillet.

140. LIVIUS (Titus). Tivi Livii historiarum quod extat
cum perpetuis Car. Sigonii et J. F. Gronovii notis.
Amstelodami, apud Danielem Elzevirium, 1679, 3 tom.
divisés en 6 vol. in-8, mar. rouge, fil., dos ornés, dent.
int., tr. dor. (*Rel. anc.*).

> Trois titres ont été calligraphiés anciennement pour les
> secondes parties de ces volumes.
> BEL EXEMPLAIRE dans une bonne reliure de DEROME.

141. LIVIUS (Titus). Titi Livii Patavini Historiarum ab
urbe condita libri qui supersunt XXV, recensuit J. Lallemand. *Parisiis, Barbou,* 1775, 7 vol. in-12, portrait, mar.
rouge, fil., dos ornés, dent. int., tr. dor. (*Rel. anc.*).

> Edition estimée.

142. POLYBE. Histoire de Polybe, traduite du grec par
Vincent Thuillier, avec les commentaires du chevalier

Folard. *Paris*, 1720-1730, 6 vol. in-4, portr. et fig., veau granit., fil., dos ornés, tr. jasp. (*Rel. anc.*).

Exemplaire relié aux armes de Napoléon Ier et portant sur ses plats le mot *Fontainebleau* en lettres dorées.

143. SALLUSTIUS. C. Crispi Sallustii de Coniuratione Catilinae ; de bello Jugurthino, oratio contra M. T. Ciceronem ; M. T. Ciceronis oratio contra Crispū Sallustium, etc... *Venetiis, in ædibus Aldi et Andreæ Asulani soceri mense Aprili*, 1509, in-8, dérelié.

Edition rare comprenant 8 ff. non chiffrés et 279 pages chiffrées.
Légers raccommodages.

144. SALLUSTIUS. C. Crispi Salustii, historiographi clarissimi. L. Sergii Catilinæ contra Romanum Senatum coniuratio, seu bellum Catilinarum. Item bellum Iugurthinum. *Parisiis, apud Simonem Colinæum*, 1543, in-8, réglé, mar. bleu foncé, fil., dos orné, dent. int., tr. dor. (*Rel. anc.*).

Bel exemplaire aux armes du comte d'Horn dans une reliure d'une conservation parfaite et cité par Brunet comme provenant des bibliothèques de De Bure et Parison. Le dos est orné de l'aigle de Pologne.

145. SALLUSTIUS. Caii Sallustii Crispi quæ extant opera. *Lutetiæ Parisiorum, sumptibus Steph. David*, 1744, in-12, mar. vert, fil., dos orné, tr. dor. (*Rel. anc.*).

3 figures de *Cochin*, gravées par *Fessard* ; fleuron de titre et vignettes gravés par *Fessard* ou non signés.

146. SUETONIUS. C. Suetonij Tranquilli XII Cæsares... *Venetiis, in ædibus Aldi et Andreæ soceri mense augusto. M.D.XVI.* (1516), in-8, mar. tête de nègre, encadrem. de style vénitien sur les plats, dent. int. à froid, tr. dor., étui (*Noulhac*).

Première édition aldine, dédiée à Grolier.

147. TACITUS (Cornelius). C. Corn. Tacitus ex. I. Lipsii
editione cum notis et emend. H. Grotii. *Lugduni Bata-*
vorum, ex officina Elzeviriana, 1640, 2 parties en 1 vol.
pet. in-12, mar. rouge, compart. de fil. à la Du Seuil,
dos orné, dent. int., tr. dor. (*Rel. anc.*).

> Exemplaire aux armes de Wigneror de Richelieu, prieur de
> Saint-Martin-des-Champs, avec son chiffre sur le dos de la
> reliure et aux angles des compartiments des filets des deux
> plats.

148. VERTOT. Histoire des Révolutions arrivées dans le
Gouvernement de la République romaine, par Vertot.
Paris, de l'imprimerie stéréotype de Didot l'aîné, 1806,
4 vol. in-12, mar. rouge à longs grains, dent. à la grecque,
dos ornés, bord. int., tr. dor. (*Simier*).

> Joli exemplaire imprimé sur **papier vélin fin**.

3. — Histoire de France.

149. ANSELME (Le Père). Histoire généalogique et chro-
nologique de la Maison royale de France, des Pairs,
Grans officiers de la Couronne & de la Maison du Roy &
des anciens Barons du Royaume... Troisième édition,
revue corrigée et augmentée par les soins du P. Ange et
du P. Simplicien. *Paris, par la Compagnie des Libraires,*
1726-1733, 9 vol. in-fol., front., veau fauve, dos ornés,
tr. rouges (*Rel. anc.*).

> La reliure de plusieurs volumes est légèrement fatiguée.
> Exemplaire imprimé sur **grand papier.**

150. COLBERT (J.-B.). Testament politique de Messire
Jean Baptiste Colbert, ministre et sous-secrétaire d'Etat
où l'on voit tout ce qui s'est passé sous le règne de Louis
le Grand, jusqu'en l'année 1684 ; avec des remarques sur
le gouvernement du royaume. *La Haye*, 1694, pet. in-12,

mar. rouge, pet. dent., fleurons aux angles, dos orné, tr.
dor. (*Rel. anc.*).

> Exemplaire aux armes de Charles Alexandre de LORRAINE,
> avec la signature autographe de ce prince sur le feuillet de
> titre.
> Sur un feuillet de garde, ces mots : *ex-libris Bassompierre*.

151. COMMINES (Philippe de). Les Mémoires de Messire
Philippe de Commines S^r d'Argenton. Dernière édition.
Leide, chez les Elzeviers, 1648, 1 tome divisé en 2 vol.
pet. in-12, titre gravé, mar. rouge, compart. de fil. à la
Du Seuil, milieu formé d'un petit amour tenant dans une
main ses flèches, et de l'autre soutenant un masque tragique,
dos ornés, dent. int., tr. dor. (*Rel. du XVIIe siècle*).

> BEL EXEMPLAIRE de cette édition si bien imprimée par les
> Elzevier. Haut. 131 millimètres.

152. EON (Chevalier d'). Lettres, mémoires & négociations
particulières du Chevalier d'Eon, ministre plénipoten-
tiaire de France auprès du Roi de la Grande Bretagne.
La Haye, Scheurleer, 1764, in-4, veau fauve, dos orné,
tr. bleues (*Rel. anc.*).

> Sur le titre, cachet de la Bibliothèque du Tribunat.
> On y joint : Gageure sur le sexe du chevalier d'Éon, jugée à
> Londres, dans la Cour du Banc du Roi, le 1er juillet 1777, in-8
> de 15 pp.

153. GRAZIANI (Girolamo). Il Colosso Sacro alle glorie
dell' em^mo e rev^mo sig^re Cardinale Mazarino panegirico.
Parigi, nella Stamperia reale, 1656, in-fol., mar. rouge,
fil., dos orné, dent. int., tr. dor. (*Rel. anc.*).

> Portrait de Mazarin gravé par *Nanteuil*.
> Exemplaire relié aux armes de Mgr de COISLIN, évêque d'Or-
> léans.

154. GUILLIET (Scipion). Le Renouvellement des anciennes Alliances et Confédérations des Maisons et Cou-

ronnes de France et de Savoye en la pacification des
troubles d'Italie et au mariage du Sér. V. Amédée, prince
de Piémont avec Madame Chrestienne, sœur de Sa Ma-
jesté.... *Paris, Vve J. du Clou et Denis Moreau*, 1619, pet.
in-4. titre gravé, vélin à recouvr., tr. bleues (*Rel. anc.*).

> Beau titre gravé par *Matheus* renfermant les portraits des
> ducs et duchesses de Savoie, dont ceux de Victor-Amédée et
> de sa femme Christine, fille de Henri IV.

155. JEANNIN (Le Président). Les Négociations de Monsieur le Président Jeannin. *Jouxte la Copie de Paris, chez
Pierre le Petit*, 1659, 2 parties divisées en 5 vol. pet.
in-12, portr., mar. rouge, dent., dos ornés, dent. int.,
tr. dor. (*Rel. anc.*).

> Joli EXEMPLAIRE de cette édition qui s'annexe à la collection
> des Elzevier; elle a été imprimée par Nicolas Hercules de
> Leyde, dont la marque se trouve sur le titre.
> Des faux titres manuscrits ont été anciennement exécutés
> avec soin pour trois des volumes.

156. LA FORCE (Charlotte-Rose Caumont de). Histoire
secrète de Bourgogne par Mlle de La Force. *Paris. Imprimerie de Didot l'aîné*, 1782, 3 vol. in-12, mar. rouge,
fil., dos ornés, dent. int., tr. dor. (*Rel. anc.*).

> Le troisième volume contient des notices historiques et des
> remarques de l'éditeur ; le premier est bien complet des pages
> xiv à xxxvi de l'*Avertissement* qui manquent souvent, et qui
> contiennent un mémoire sur la Saint-Barthélemy, relatif aux
> Caumont.
> Bel exemplaire relié par DEROME.

157. LA ROCHEFOUCAULD. Mémoires de M. D. L. R.
sur les brigues à la mort de Louis XIII, les guerres de
Paris & de Guyenne & la prison des princes. *Cologne,
chez Pierre van Dyck*, 1665, pet. in-12, mar. rouge, fil.,
dos orné, tr. dor. (*Rel. anc.*).

> Edition qui se joint à la collection des Elzevier ; elle a été
> imprimée à Bruxelles par Fr. Foppens.

158. L'ESTOILE (P. de). Journal de Henri III [et de Henri IV] ou Mémoires pour servir à l'Histoire de France par M. Pierre de l'Estoile. Nouvelle édition, accompagnée de remarques historiques et des pièces manuscrites les plus curieuses de ces règnes (par L. du Fresnoy). *La Haye et Paris*, 1741-1744, 9 vol. pet. in-8, portr., veau marbr., dos ornés, tr. rouges (*Rel. anc.*).

Différences dans les reliures des deux séries.

159. LOBINEAU (Dom Gui Alexis). Histoire de Bretagne, composée sur les titres et les auteurs originaux, enrichie de plusieurs portraits & tombeaux en taille-douce. *Paris, veuve François Muguet.* 1707, 2 vol. in-fol., mar. rouge, fil., dos ornés, dent. int., tr. dor. (*Rel. anc.*).

BEL EXEMPLAIRE aux armes du comte Henri-Louis de LOMÉNIE de BRIENNE.

160. MARGUERITE, de Valois. Mémoires de la Reyne Marguerite, nouvelle édition plus correcte. *Bruxelles, François Foppens,* 1658, pet. in-12, veau fauve, compart. de fil. à la Du Seuil, dos orné, dent. int., tr. dor. (*Raparlier*).

Edition bien imprimée de ces mémoires publiés par Auger de Moléon, seigneur de Granier.

161. MONTPENSIER (Mlle de). Mémoires de Mademoiselle de Montpensier fille de Gaston d'Orléans, frère de Louis XIII. Nouvelle édition. *Amsterdam, J. Wetstein & G. Smith,* 1735, 8 vol. in-12, portr., veau granité, dos ornés, tr. rouges (*Rel. anc.*).

162. RECUEIL DE DIVERSES PIÈCES CURIEUSES pour servir à l'Histoire. *Cologne, Jean du Castel,* 1664, pet. in-12, mar. rouge à longs grains, encadr. dent., dos orné au pointillé, bord. int., tr. dor. (*Simier*).

Réponse aux Mémoires du comte de la Chastre. — Conjuration sur la ville de Barcelone. — Motifs pour la guerre d'Allemagne, etc.

Armoiries. de lord Rothesay ajoutées sur les plats de la reliure.

163. SATYRE MÉNIPPÉE. Satyre Ménippée de la vertu du Catholicon d'Espagne ; et de la tenüe des Estats de Paris. Avec des remarques et explications des endroits difficiles. *Ratisbonne, Mathias Kerner (Bruxelles, Foppens)*, 1664, pet. in-12, mar. bleu à longs grains, encadr. à la grecque, dos orné, bord. int., doubl. et gardes de tabis rouge (*Simier*).

> BEL EXEMPLAIRE, contenant les figures de la procession et celles (remontées) des charlatans espagnol et lorrain.
> On y a ajouté ces deux dernières figures ainsi que le « pourtraict du Seigneur Agnoste », gravés sur bois provenant d'une édition plus ancienne du livre.
> Exemplaire absolument NON ROGNÉ ; condition fort rare, pour un volume en reliure ancienne.

164. SÉGUR (L. P.). Politique de tous les Cabinets de l'Europe, pendant les règnes de Louis XV et de Louis XVI.... Seconde édition, considérablement augmentée de Notes et Commentaires et d'un mémoire sur le Pacte de famille par L. P. Ségur l'aîné. *Paris, Buisson, an IX* (1801), 3 vol. in-8, mar. vert, encadr. de fil., dos ornés, bord. int., tr. dor. (*Rel. anc.*).

> Sur les plats, grand médaillon de mar. rouge contenant un chiffre fleuronné formé des lettres A. S. qui semble indiquer que cet exemplaire a été offert par l'auteur à l'un des membres de sa famille.
> Reliure très fraîche.

165. SULLY. Mémoires de Maximilien de Béthune, duc de Sully, principal ministre de Henry le Grand. Mis en ordre : avec des Remarques par M. L. D. L. (l'abbé de L'Ecluse des Loges). *Londres*, 1745, 3 vol. in-4, portr., veau marbr., dos ornés, tr. rouges (*Rel. anc.*).

4. — Histoire de divers pays étrangers.

166. BENTIVOGLIO (Card. Guido). Dell' historia (et della guerra) di Fiandra, descritta dal cardinal Bentivoglio. *Colonia*, 1635-1640, 3 parties en 3 vol. pet. in-8, mar. rouge, compart. de fil. à la Du Seuil, dos ornés, dent. int., tr. dor. (*Rel. anc.*).

> BEL EXEMPLAIRE aux armes du cardinal de RICHELIEU.
> Erreur de tomaison à la reliure.

167. CHARDIN. Le Couronnement de Soleïmaan, troisième Roy de Perse et ce qui s'est passé de plus mémorable dans les deux premières années de son règne. *Paris, par Claude Barbin*, 1672, in-12, front. gravé, mar. rouge, fil., fleurons d'angles au pointillé, dos orné, dent. int., tr. dor. (*Rel. anc.*).

> Exemplaire de dédicace relié aux armes de Louis XIV.

168. CHARLEVOIX. Histoire du Paraguay. *Paris, Desaint & Saillant*, 1756, 3 vol. in-4, cartes, mar. vert. fil., dos ornés, dent. int., tr. dor. (*Rel. anc.*).

> Exemplaire aux armes de Mme VICTOIRE, fille de Louis XV, avec son ex-libris gravé à l'intérieur de chaque volume.

169. GIRALDI (Giov-Batt.). Commentario delle cose di Ferrara et de Principi da Este di M. Giovambattista Giraldi, gentilhuomo ferrarese, tradotto per M. Lodovico Domenichi. *Venetia, Giouanni de' Rossi, s. d.* (1556), in-8, vélin, fil., dos orné, tr. dor. (*Rel. anc.*).

> EDITION ORIGINALE de cet ouvrage qui fut réimprimé avec la *Vita di Alfonso da Este* de Paul Jove en 1597.
> Exemplaire relié aux premières armes de J.-A. DE THOU avec son chiffre sur le dos du volume et sa signature sur le titre de l'ouvrage.
> Jolie reliure très fraîche.

170. TRAGICUM THEATRUM, actorum & casuum tragi-
corum Londini publice celebratorum, quibus Hiberniæ
proregi, episcopo Cantuariensi, ac tandem Regi ipsi,
aliisque vita adempta, & ad Anglicanam Metamorphosin
via est aperta. *Amstelodami, apud Jodocum Jansonium,*
1649, pet. in-8, mar. rouge, compart. de fil. à la Du Seuil,
dos orné, dent. int., tr. dor. (*Rel. anc.*).

> Relation de la révolution d'Angleterre, ornée de nombreux
> portraits et d'une planche, se dépliant, représentant la déca-
> pitation de Charles 1er.
> Exemplaire aux armes de Charles Nicolas Le Clerc de Les-
> seville, conseiller au Parlement de Paris.

171. VARCHI (Benedetto). Storia fiorentina, di Messer
Benedetto Varchi, nella quale principalmente si contengono l'ultime Revoluzioni della Republica fiorentina e lo
stabilimento del principato nella Casa de' Medici. *Colonia*
[*Augusta*] *Pietro Martello* (*Paulo Kuhzio*), *s. d.* (1721),
in-fol., mar. bleu foncé, fil., dos orné, dent. int., tr.
dor. (*Rel. anc.*).

> Frontispice gravé, portrait de l'auteur et arbre généalogique
> des Médicis.
> Exemplaire relié par Derome et bien complet du récit de la
> conduite de P. L. Farnèse envers l'évêque de Fano (p. 640).
> Il a fait partie de la bibliothèque de la Malmaison dont la mar-
> que est sur le titre du volume. Au bas du dos de la reliure
> petite pièce de maroquin rapportée contenant le chiffre P. B.
> (*Pagerie Bonaparte*).

172. VILLANI (Giovanni). Storia di Giovanni Villani, cit-
tadino fiorentino, nuouamente corretta, e alla sua vera
lezione ridotta, col riscontro di Testi antichi, con due
Tauole, l'una de Capitoli, e l'altra delle cose piu notabili.
Fiorenza, Filippo e Iacopo Giunti, 1587, in-4, cuir de
Russie vieux rouge, fil., dos orné, dent. int., tr. dor.
(*Closs*).

> Edition rare, donnée par Baccio Valori, et réputée comme la
> meilleure de cet ouvrage.

5. — Biographie. — Bibliographie.

173. **PLUTARQUE**. Les Vies des Hommes illustres grecs et romains, comparées l'une auec l'autre par Plutarque de Chæronée translatées de grec en françois (par Amyot). *Paris, de l'Imprimerie de Michel de Vascosan*, 1559, in-fol. réglé, de 8 ff. prélim., 734 pp. chiffr. et 26 ff. non chiffr., mar. orange, dent., dos orné, dent. int., tr. dor. (*Rel. anc.*).

> Première édition de la traduction française d'Amyot.
> Exemplaire aux armes du marquis Adrien de LA VIEUVILLE.

174. **VIE** (La) et les faits memorables de Christofle Bernard van Galen, évêque de Munster, par M. G. *Leide, Jean Mortier* (1679), pet. in-12, front. et portr. mar. rouge, fil., dos orné, dent. int., tr. dor. (*Rel. anc.*).

> Joli volume imprimé par Blaeu.
> Exemplaire contenant la double planche de la page 2 et relié aux armes du prince EUGÈNE DE SAVOIE.
> Reliure très fraîche.

---

175. **CASIRI** (M.). Bibliotheca arabico-hispana Escurialensis. Recensio et explanatio opera et studio Michaelis Casiri. *Matriti, Perez de Soto*, 1760, 2 vol. in-fol., mar. rouge, pet. dent., dos ornés, tr. dor. (*Rel. anc.*).

> Exemplaire aux armes de CHARLES III (second fils de Philippe V), roi d'Espagne.

LIVRES ANCIENS ILLUSTRÉS

I. — LIVRES ILLUSTRÉS DES XVe ET XVIe SIÈCLES

176. BIBLIA utriusque Testamenti iuxta Vulgatam transla-
tionem, & eam, quam haberi potuit, emendíssimam.
*Lugduni, apud Hugonem à Porta, 1538, in-fol., veau
brun (Rel. anc.).*

> Reliure fatiguée. Le titre et le dernier feuillet sont couverts
> d'écriture et tachés.
> Edition très recherchée parce qu'elle renferme le premier .
> tirage des figures gravées sur bois d'après *Holbein* pour l'*Ancien
> Testament* publiées la même année à Lyon par les Trechsel.

177. BOCCHIUS (Achilles). Achillis Bocchii Bonon. Sym-
bolicarum quæstionum de universo genere, quas serio-
ludebat, libri quinque. *Bononiæ, in ædibus novæ academiæ
Bocchianæ, 1555, pet. in-4, mar. bleu, compart. de fil. à
froid, fleur. d'angles et dent. dor. de fers pleins du xvi^e
siècle, dos orné, dent. int., tr. dor. (Trautz-Bauzonnet).*

> EDITION ORIGINALE de cet ouvrage recherché pour les figures
> de *Giulio Bonasone* dont il est orné.
> BEL EXEMPLAIRE.

178. CORIO (Bernard). Historia di Milano continente da
l'origine di Milano, tutti li gesti, infino al tempo di esso

autore (à la fin) *Mediolani, apud Alexandrum Minutia-
num*, 1503, in-fol., fig. sur bois, veau fauve, pet. dent.,
dos orné, tr. rouges (*Rel. anc.*).

Édition originale, recherchée parce qu'elle contient plusieurs passages, que l'on ne retrouve plus dans les éditions
suivantes.

Bel exemplaire, très grand de marges, contenant les 6 feuillets
préliminaires (sur lesquels se trouvent le premier titre, l'avis
au lecteur, et le répertoire) qui ne furent publiés que plusieurs
années après l'ouvrage.

Le premier titre est dans un bel encadrement sur bois et le
texte est orné de deux grandes et belles figures ombrées, gravées sur bois dans des encadrements dont une représente l'auteur écrivant son livre.

179. DONI. I Marmi del Doni, academico peregrino. *In
Vinegia, Francesco Marcolini*, 1552-1553, 4 parties en
1 vol. in-4, vél. à recouvr., tr. jasp. (*Rel. mod.*).

Édition originale de ces dialogues, ornée de vignettes gravées
sur bois, exécutées d'après les dessins de l'imprimeur Marcolini ; elles sont en premier tirage.

180. FOLENGO (Theophilo). Chaos del tri per uno...
(A la fin) : *Vinegia, fratelli Sabbio*, 1527, 3 parties en
1 vol. in-8, fig., mar. rouge, fil., dos orné, dent. int., tr.
dor. (*Rel. mod.*).

Édition rare et la plus recherchée, de ce poème allégorique
moral, où se trouvent plusieurs morceaux en style macaronique.

Les 3 figures (une en tête de chaque partie) ont été ancien-
nement coloriées avec soin.

181. GIAMBULLARI (Pietr. Franc.). Del sito, forma et
misure dello Inferno di Dante. *Firenze, Neri Dortelata*,
1544, in-8, fig. sur bois, vélin (*Rel. anc.*).

Livre curieux dans lequel des signes particuliers marquent
la prononciation du peuple de Florence, à l'époque où il parut.

182. GIOVANNI (Tito). I quattro libri della Caccia di Tito
Giovanni Scandianese con la dimostratione de luoghi de

greci et latini scrittori et con la tradottione della Sfera di
Proclo. *Vinegia, Giolito*, 1556, 2 part. en 1 vol. pet.
in-4, vélin (*Rel. anc.*).

Jolies figures gravées sur bois dans le texte.

183. GRAPHÆUS (Cornelius). La très admirable, très
magnifique et triumphante entrée, du très haut et très
puissant prince Philippe, prince d'Espaigne, fils de l'Empereur Charles Vᵐᵉ, ensemble la vraye description des
spectacles, théâtres, archs triomphaulx, etc,, lesquels ont
esté faicts et bastis à sa très désirée réception, en la très
renommée florissante ville d'Anvers. Anno 1549. *Imprimé
à Anvers, par Pierre Coeck d'Alost, par Gillis van Diest*,
1550, pet. in-fol., vélin souple (*Rel. anc.*).

> Le faux titre porte : *Le Triumphe d'Anvers.*
> Ouvrage intéressant, renfermant de nombreuses figures sur
> bois dues à *Pierre Cock d'Alost* qui représentent les décora-
> tions, arcs de triomphe et théâtres où se groupaient les tableaux
> vivants.
> Exemplaire grand de marges et bien conservé.

184. HEURES A L'USAGE DU MANS. Hore intemerate
virginis Marie secundum usum Cenomanensem. A la fin :
*Ces présentes heures à lusaige du Mans furent acheuées le
XXIX. iour de May lan mil cinq cens par Thielman Kerner
pour Iehan petit libraire demourant à Paris en la rue
sainct Jaques au lyō dargēt τ pour Pierre Cochery libraire
demourant au Mans en la grant rue Saint Iulien*, in-8 goth.
de 74 feuillets, mar. noir, fil., médaillon représentant la
Crucifixion au milieu des plats, dos semé de petits
trèfles, tr. dor. (*Rel. du XVIᵉ siècle*).

> Ce volume est orné de la marque de Kerver sur le titre, de
> 17 figures (y compris l'homme anatomique), de 37 petites
> figures, et de bordures à chaque page.
> Toutes ces figures, petites et grandes, ont été enluminées et
> rehaussées d'or ; très nombreuses majuscules et bouts de lignes,
> également enluminés.

Reliure un peu fatiguée sur laquelle on a gratté un nom qui y avait été doré ; le volume présente quelques taches d'humidité dans la marge supérieure de certains feuillets, mais les figures n'ont pas souffert.

185. **HIERONYMUS** (S.). Vi||ta e pisto||le de Sancto Hie||ronymo || volga||re|| (tradotte per Matteo de Ferrara). [Au r° du 267ᵉ f. :] *Impressa... ne la inclita et florentissima cita de Ferrara, per Maestro Lorenzo di Rossi de Valenza, ne gli anni...* 1497, in-fol., car. ronds de 4 ff. pour la Vita et 270 ff., chiff. à 2 col. pour les Epistole, fig. sur bois, mar. rouge, fil. et milieux dor. à fers azurés, dos orné, dent int., tr. dor. (*Broca*).

> Hain, 8566. — Proctor, 5765.
> Belle édition des Epîtres de Saint Jérôme renfermant un grand nombre de vignettes sur bois, gravées au simple trait. Ces figures sont remarquables sous le rapport du dessin et de la gravure ; elles paraissent être l'œuvre d'artistes vénitiens.
> Cet exemplaire contient les 4 feuillets de la *Vita* qui manquent le plus souvent.
> Le titre et le dernier feuillet sont raccommodés.

186. JOVIUS (Paulus). Elogia virorum bellica virtute illustrium. *Basileæ, Petri Pernæ typographia*, 1575, in-fol., mar. rouge, fil., dos orné, dent. int., tr. dor. (*Rel. anc.*).

> 200 portraits avec encadrements gravés sur bois par *Tobias Stimmer* qui sont ici en PREMIER TIRAGE.
> BEL EXEMPLAIRE aux armes du prince EUGÈNE DE SAVOIE, avec son chiffre au dos (deux E entrelacés, couronnés et soutenus de la Toison d'or).

187. MUNSTER (Séb.). Horologiographia, post priorem æditionem per Sébast. Munsterum recognita, & plurimum aucta atque locupletata, adièctis multis nouis descriptionibus & figuris, in plano, concauo, conuexo, erecta superficie &c. *Basileæ, excudebat Henricus Petrus, s. d.* (1533), in-4, fig. sur bois, vélin, fil. dor., dos orné (*Rel. anc.*).

> BEL EXEMPLAIRE relié aux premières armes de J.-A. DE THOU. Jolie reliure en vélin doré.

188. NICOLAY (Nicolas de). Les quatre premiers livres
des navigations et pérégrinations orientales de N. de Nicolay dauphinoys, seigneur d'Arfeuille, varlet de chambre
& géographe ordinaire du Roy. Auec figures au naturel
tant d'hommes que de femmes selon la diuersité des nations
& de leur port, maintien et habitz. *Lyon, Guillaume
Rouille*, 1568, in-fol. de 7 ff. non chiff. et 181 pp.
chiff., veau brun, filet, tr. jasp. (*Rel. anc.*).

> Titre et 58 figures (sur 60) anciennement coloriés avec grand
> soin, plusieurs des figures relevées de gouache.

189. PETRARCA. Il Petrarcha, con l'espositione di M. Giovanni Andrea Gesualdo. *Vinegia, Gabr. Giolito*, 1553. —
I Trionfi del Petrarca, colla spositione di Messer Giovanni
Andrea Gesualdo da Traetto. *Ibid., id.*, 1553, 2 parties en
1 vol. in-4, titre gravé sur bois, mar. grenat, compart. de
fil., coins et milieu ornés de fers pleins du xvi siècle, dos
orné, 5 fil. intér., tr. dor. (*R. Kieffer*).

> Bonne édition, remarquablement imprimée et ornée, dans les
> *Triomphes*, de jolies figures gravées sur bois.
> Le dernier cahier est plus court dans les marges du bas.

190. PETRARCA. Il Petrarca, con nuove spositioni....
insieme alcune molto utili e belle annotationi d'intorno
alle regole della lingua toscana. *Lyone, Gulielmo Rovillio,*
1574, 2 part. en 1 vol. in-16, mar. rouge, dos et plats
entièrement couverts d'ornem. à pet. fers et au pointillé,
dent. int., tr. dor., fermoirs (*Rel. anc.*).

> Jolies petites figures gravées sur bois.

191. QUADRINS HISTORIQUES DE LA BIBLE (par
Paradin) reuuz & augmentez d'un grand nombre de
figures. *Lion, par Ian de Tournes*, 1555. — Les Figures
du Nouveau Testament (sixains par Ch. Fontaine).
Lyon, Ian de Tournes, 1554. Ens. 2 part. en 1 vol. in-8,

mar. citron, jans., dent. int., tr. dor. (*Duru, 1858*).

> Édition rare de ce recueil de figures de *Bernard Salomon*, dit le *Petit Bernard*, un des chefs-d'œuvre de l'art français.
> La première partie contient 231 figures. la seconde, qui comprend 95 figures, est en premier tirage.
> Bel exemplaire.

192. RECUEIL DES CHOSES NOTABLES, qui ont esté faites à Bayonne, à l'entrevue du Roy très chrestien Charles neufiesme de ce nom, et la Royne, sa très honorée mère, avec la Royne catholique, sa sœur. *Paris, Vascozan*, 1566, in-8, réglé, mar. bleu, encad. de fil. pleins et au pointillé, dent., dos orné, doubl. de mar. orange, dent., tr. dor. (*Chambolle-Duru*).

> Cet ouvrage renferme la relation des fêtes qui eurent lieu à Bayonne, lors de l'entrevue de Charles IX et de sa mère, d'une part, et de la Reine Elisabeth, femme de Philippe II, et du duc d'Albe, ministre de ce prince, d'autre part.
> Pendant ces fêtes, qui durèrent trois semaines, eurent lieu des tournois, des joutes, des festins. De nombreuses pièces de vers y furent récitées.
> Le volume est orné de 18 figures représentant des médaillons distribués aux dames à la suite d'un tournoi. Ces figures, d'une exécution remarquable, ont été attribuées à *Jean Cousin*.
> Bel exemplaire, grand de marges, provenant des bibliothèques du baron J. Pichon et Lebeuf de Montgermont.

193. TARTAGLIA (Nicolo). Nova scientia inventa da Nicolo Tartalea. *Vinegia, Stephano da Sabio*, 1537, in-4, veau rouge, trophée de grenades, dent. int., tr. dor. (*Thierry*).

> Édition originale de ce fameux traité de balistique ; elle est ornée de curieuses figures sur bois.
> Exemplaire de la bibliothèque Firmin-Didot, relié depuis la vente.

194. TASSO (Torquato). La Gierusalemme liberata, di Torquato Tasso, con le figure di Bernardo Castello e le Annotationi di Scipio Gentilli, e di Giulio Guastavini. *Genova*, 1590, in-4, réglé, imprimé sur 2 col., veau

granité, compart. de fil. à la Du Seuil, dent. int, tr..
dor. (*Rel. anc.*).

Edition recherchée pour les figures d'*A. Carrache* et de
J. Franco qu'elle contient ; elles sont gravées sur cuivre.
Petit raccommodage au titre.

195. TERENTIUS. Terentius comico carmine. *Argentina,
per Joannem Gruninger*, 1503, in-fol., dos et coins de
veau brun, dos orné à froid, tr. marbr. (*Rel. du XIXe
siècle*).

Belle édition, devenue rare ; elle est ornée de nombreuses
figures gravées sur bois, plusieurs de la grandeur de la page ; la
première représente un théâtre antique avec acteurs et spectateurs.
Annotations marginales à l'encre d'une écriture contemporaine de l'ouvrage.

196. TUCCARO (Archange). Trois Dialogues de l'exercice
de sauter et voltiger en l'air. Avec les figures. *A Paris,
chez Claude de Monstr'œil*, 1599, pet. in-4, mar. vert, fil.
à froid, dent. int., tr. dor. (*Duru*).

Sur le feuillet de garde cette note autographe :
« Première édition contenant la grande planche des *Cerceaux*
qui manque souvent

Edmond de Goncourt

Livre qui m'a été d'un précieux secours pour la langue
technique des *Frères Zemganno.* »
Au centre des plats, médaillon doré renfermant le chiffre
entrelacé des frères de Goncourt ; leur ex-libris est à l'intérieur du volume.

197. VELMATIUS (Joann. Mar,). Veteris et Novi Testamenti, opus singulare, ac plane divinum : et ab ipso
authore accuratissime recognitum, et scholiis illustratum,
et diligentissime excusum. *Venetiis*, 1538, pet. in-4,
cuir de Russie, fil., milieux dorés, dos orné (*Rel. mod.*).

Extraits de la Bible mis en vers latins.
Ouvrage recherché pour les nombreuses gravures sur bois
qui accompagnent le texte.

198. VICO (Ænea). Augustarum imagines æreis formis expressæ : vitæ quoque, earumdem breviter enarratæ, signorum etiam, quæ priori parte numismatū efficta sūt, ratio explicata : ab Ænea Vico..... *Venetiis (Paul Manutius)*, 1558, in-4 de 10 ff. prélim., 192 pp. et 2 ff. d'errata, nombreux portraits, mar. rouge, fil., dos orné, tr. dor. (*Rel. anc.*).

> BEL EXEMPLAIRE relié aux premières armes de J.-A. DE THOU et avec son chiffre au dos du volume.

199. VITRUVE. Di Lucio Vitruvio Pollione de Architectura libri dece, traducti de latino in vulgare affigurati. Commentati et con mirando ordine insigniti. (A la fin :) *Impressa nel... citate de Como p. Magistro Gotardo da Pote*, 1521, in-fol., veau brun, compart. à froid (*Rel. du XVIe siècle*).

> Edition rare. La traduction est due à Ces. Cesariano, Ben. Giovio et M. Bono. Elle est ornée d'intéressantes figures sur bois, parmi lesquelles on remarque celles consacrées à la cathédrale de Milan.
> Quelques taches et mouillures. Raccommodages à la reliure et gardes modernes.

II. — LIVRES ILLUSTRÉS DES XVIIe ET XVIIIe SIÈCLES ET DÉBUT DU XIXe

200. CALLOT (J.). Capricci di varie figure di Iacopo Callot. All Illmo & Ecc^{mo} S. Principe don Lorenzo Medici, in-16, obl., mar. rouge, plats entièrement couverts d'un large encad. de ceps de vigne avec oiseaux renfermant une décorat. à petits fers au pointillé avec parties mosaïquées, doublé de mar. brun, compart. de losanges renfermant des petites fleurs de lis argentées, dos orné, tr. dor. (*Rel. anc.*).

> Titre, dédicace et 48 planches gravés.

Belles épreuves de cette première suite fort rare, gravée à
Florence vers 1617 et non chiffrée. Elle fut exécutée sur des
cuivres très tendres et n'a donné qu'un nombre très limité de
bonnes épreuves (Meaume, 768-867).

Charmant exemplaire aux armes de Charles Emmanuel III,
duc de Savoie ; la reliure est d'une conversation parfaite.

201. HÉROS DE LA LIGUE (Les) ou la Procession mona-
cale, conduite par Louis XIV pour la Conversion des
Protestants de son Royaume. *Paris, Père Péters,* 1691,
pet. in-4, mar. rouge, encadr. de fil. avec dent., dos
orné, bord. int. à la grecque, tr. dor. (*Rel. du commence-
ment du XIXe siècle*).

24 portraits satiriques des principaux personnages qui pro-
voquèrent la révocation de l'édit de Nantes, gravés à la manière
noire, attribués à *C. Dusart,* peintre hollandais.
Belles épreuves du premier tirage.

202. JOSEPHUS (Flavius). Histoire des Juifs écrite par
Flavius Joseph sous le titre des Antiquitez judaïques,
traduite sur l'original grec, revu sur divers manuscrits
par Monsieur Arnauld d'Andilly. *Paris, Pierre le Petit,*
1667. — Histoire de la guerre des Juifs contre les
Romains. Responce à Appion, martyre des Machabées....
traduit du grec par Monsieur Arnauld d'Andilly. *Paris,
Pierre le Petit,* 1668. Ens. 2 vol. in-fol., mar. rouge,
fil., dos ornés, tr. jasp. (*Rel. anc.*).

Edition originale de cette traduction. Elle est ornée de
figures et vignettes de *Chauveau.* Le portrait du traducteur,
gravé par *Edelinck,* manque à cet exemplaire.

203. MARINO. L'Adone, poema heroïco del C. Marino
con gli Argomenti del Conte Sanvitale e l'allegorie di
Don Lorenzo Scoto. *In Amsterdam, nella Stamperia del
D. Elsevier et in Parigi si vendi appresso Thomaso Jolly,*
4 tomes en 2 vol. in-32, mar. rouge, fil., dos ornés, dent.
int., tr. dor. (*Rel. anc.*).

Figures de *Sébastien Le Clerc.*

204. ROCOLES (J.-B. de). La Fortune marastre de plusieurs Princes et grands seigneurs de toutes nations, depuis environ deux siècles. *Leyde, Adrien Marston,* 1684, pet. in-12, mar. rouge, fil. à froid, dent. int., tr. dor. (*Rel. anc.*).

> Frontispice et jolies figures de *Schoonebeek* gravés à l'eau-forte.

205. ARIOSTO. Orlando furioso di Lodovico Ariosto. *Birmingham, Molini,* 1773, 4 vol. in-8, mar. rouge, fil., dos ornés, dent. int., tr. dor. (*Rel. anc.*).

> Portrait par *Ficquet* et 46 figures par *Eisen, Cochin, Moreau, Cipriani,* etc.
> Bel exemplaire dans une excellente reliure de l'époque très fraîche.

206. BEAUMARCHAIS. La Folle Journée ou le Mariage de Figaro, comédie en cinq actes, en prose par M. de Beaumarchais. *De l'Imprimerie de la Société littéraire typographique (Kehl) et Paris, chez Ruault,* 1785, gr. in-8, mar. rouge, fil., dos orné, dent. int., tr. dor. (*Thibaron-Joly*).

> Portrait de Beaumarchais gravé par *A. de Saint-Aubin* d'après *Cochin* et 5 figures de *Saint-Quentin* gravées par *Halbou, Liénard* et *Lingée.*
> Exemplaire de la bibliothèque d'Henri Bordes, imprimé sur papier vélin et auquel on a ajouté la suite dite de *Malapeau.*

207. BERNARD (P.-J.). OEuvres de P.-J. Bernard, ornées de gravures, d'après les desseins (*sic*) de Prudhon ; la dernière estampe gravée par lui-même. *Paris, Impr. de P. Didot l'aîné,* 1797, in-4, dos et coins de mar. rouge, dos orné, non rogné (*Rel. anc.*).

> 4 figures d'après *Prudhon* gravées par *Boisson, Copia* et *Prudhon.*

Exemplaire imprimé sur **papier vélin** fort d'Angoulême contenant les opéra et ballets de l'auteur et la suite des figures en épreuves AVANT la lettre.

208. BERQUIN. Romances. *Paris, Ruault,* 1776, in-12, mar. rouge, fil., dos plat orné, titre sur mar. vert, tr. dor. (*Rel. anc.*).

> 1 frontispice, 6 figures de *Marillier* et 6 feuillets de musique gravée.
> Exemplaire imprimé sur **papier de Hollande** et contenant les figures en épreuves AVANT les numéros. On a relié à la suite : L'Harmonie imitative de la langue française, poème en 4 chants par M. de Piis. *Paris, de l'imprimerie de Ph. Pierres,* 1785, 100 pages. Cassure enlevant du texte au premier feuillet de privilège.

209. BITAUBÉ. Joseph. Cinquième édition. *Paris, de l'imprimerie Didot l'aîné,* 1786, 2 vol. in-18, papier vélin, mar. rouge à longs grains, encadr. d'un fil. au pointillé, dos ornés, dent. int., tr. dor. (*Rel. anc.*).

> Portrait par *Cochin,* gravé par *Saint-Aubin* et 9 figures de *Marillier.*

210. BLIN DE SAINMORE. Lettre de Sapho à Phaon, précédée d'une épitre à Rosine, d'une vie de Sapho et suivie d'une traduction en vers des ouvrages de ce poète. *Paris, Sébastien Jorry,* 1766, in-8, mar. rouge, fil., dos orné, bord. int., tr. dor. (*Rel. anc.*).

> Figure de *Gravelot,* vignette d'*Eisen,* et cul-de-lampe de *Choffard.*
> Exemplaire imprimé sur **papier de Hollande.**

211. **BOCCACIO.** Il Decamerone di M. Giovanni Boccaccio. *Londra (Porigi, Prault),* 1757, 5 vol. in-8, mar. rouge, fil., dos ornés, dent. int., tr. dor. (*Rel. anc.*).

> Portrait, 5 frontispices, 110 figures et 97 culs-de-lampe par *Boucher, Gravelot, Eisen* et *Cochin.*
> Ces figures sont, dans cette édition, avec le texte italien, en

premier tirage ; beaucoup, parmi elles, portent le paraphe au verso.

BEL EXEMPLAIRE dans une bonne reliure.
De la bibliothèque du baron de Claye.

212. BOILEAU. OEuvres de Nicolas Boileau Despréaux. Nouvelle édition, revue et augmentée. *Paris, Esprit Billot*, 1713, 2 vol. in-4, mar. vert, fil., motifs d'angles à petits fers, dos ornés, doubl. et gardes de pap. vert à ramages dorés, dent. int., tr. dor. (*Rel. anc.*).

Portrait de Boileau d'après *de Troy*, vignette en tête par *Scotin*, et 6 figures de *Gillot* pour le *Lutrin*.
Exemplaire qui semble imprimé sur grand papier.

213. BUFFON. Histoire naturelle générale et particulière, avec la description du cabinet du Roy. *Paris, de l'Imprim. royale*, 1749-1789, 38 vol. in-4 et 1 vol. d'atlas, mar. rouge, compart. de fil. droits et courbes, dos ornés à petits fers et au pointillé, dent. int., doubl. et gardes de papier bleu, tr. dor. (*Durand*). — Lacépède. Histoire naturelle des Poissons. *Paris, Plassan*, 1798-1803, 5 vol. in-4, demi-rel., dos de mar. rouge orn., plats pap. imitant le mar. à longs grains, tr. jasp. (*Rel. mod.*).

PREMIÈRE ÉDITION ; l'ouvrage de Buffon est orné d'un portrait de l'auteur gravé par *Baron* d'après *Drouais*, de cartes, de vignettes et de planches gravées par *de Sève* ou non signées. Elles sont au nombre de 1124 pour l'ouvrage de Buffon et de 116 pour celui de Lacépède.
BEL EXEMPLAIRE, complet et sous une bonne reliure de la fin du XVIIIe siècle.

214. CATULLUS, TIBULLUS et PROPERTIUS pristino nitori restituti, & ad optima exemplaria emendati. Accedunt fragmenta Cornelio Gallo inscripta. *Lutetiæ Parisiorum, J. Barbou*, 1753, in-12, mar. rouge, fil., dos orné, dent. int., tr. dor. (*Rel. anc.*).

3 frontispices, 3 vignettes et 4 culs-de-lampe non signés.
Exemplaire aux armes du DAUPHIN, père de Louis XVI.

215. CORNEILLE. Théâtre de Pierre Corneille avec des commentaires &. &. &. (par Voltaire). *S. l. (Genève)*, 1764, 12 vol. in-8, vélin vert, dos de mar. rouge ornés, tr. marbr. (*Rel. anc.*).

> Edition célèbre publiée par Voltaire au profit d'une petite nièce de Corneille, ornée d'un frontispice par *Pierre* et de 34 figures de *Gravelot.*
> Les premiers volumes ont de nombreuses annotations à l'encre dans les marges. Une page et le verso d'une figure sont tachés d'encre.
> Raccommodages et taches d'encre à la reliure des tomes I et II.

216. DELISLE DE SALES. De la Philosophie de la Nature, ou traité de Morale pour le genre humain, tiré de la philosophie et fondé sur la nature [par Delisle de Sales]. *Londres,* 1789, 7 vol. in-8, mar. rouge, fil., dos ornés, bord. int., tr. dor. (*Rel. anc.*).

> 7 titres gravés et 52 figures, portraits, ou vues, sur 64 que signale Cohen.
> Portrait de l'auteur gravé par *Duflos* d'après *Borel* pour l'édition de 1777, ajouté.
> Des bibliothèques A. Piet et Emmanuel Martin.

217. DESHOULIÈRES (Mme et Mlle). OEuvres de Mme et Mlle Deshoulières. Nouvelle édition. *Paris, Prault fils,* 1747, 2 vol. pet. in-12, mar. rouge, fil., dos ornés, tr. dor. (*Rel. anc.*).

> 1 portrait non signé, 1 titre avec fleuron, différent pour chaque volume, gravé par *Fessard* d'après *Cochin*, et 4 vignettes par *Eisen* et *de Sève* gravées par *A. Boucher, Delafosse* et *Tardieu.*

218. EUTROPIUS. Eutropii breviarium historiæ romanæ. Accedunt selectæ lectiones dilucidando auctori appositæ. *Parisiis, Barbou,* 1754, in-12, mar. citron, fil., dos orné, dent. int., tr. dor. (*Rel. anc.*).

> Frontispice d'*Eisen* et 16 vignettes ou culs-de-lampe gravés par *De La Fosse.*

219. FÉNELON. Les Aventures de Télémaque fils d'Ulysse,
par M. de Fénelon. Imprimé par ordre du Roi pour
l'Education de Monseigneur le Dauphin. *Paris, Didot
l'aîné*, 1783, 2 vol. in-4, papier vélin, mar. rouge, fil.
sur le dos et les plats, dent. int., tr. dor. (*Rel. anc.*).

> Cet exemplaire renferme le frontispice, les 72 figures et les
> 24 sommaires de chapitres gravés par *Tilliard* d'après *Monnet*,
> anciennement ajoutés.
> BEL EXEMPLAIRE relié par DEROME avec son étiquette à l'inté-
> rieur du premier volume. Reliure très fraîche.

220. FÉNELON. Les Aventures de Télémaque fils d'Ulysse,
par M. de Fénelon. Avec 25 figures dessinées par Marillier,
et gravées sous sa direction par les meilleurs artistes.
Paris (chez Deterville), imprimerie de Crapelet, an IV
(1796), 2 vol. in-8, mar. brun, roulette formant encadr.
et compart. de fil. au pointillé, fleurons d'angles, dos plats
ornés, bord. int., tr. dor. (*Rel. anc.*).

> Portrait gravé d'après *Vivien* et 24 figures de *Marillier*.
> Exemplaire imprimé sur **grand papier vélin** contenant les
> illustrations en épreuves AVANT la lettre.

221. FLORIAN. Galatée, roman pastoral imité de Cervantes,
par M. de Florian, capitaine de dragons et gentilhomme de
S. A. S. Mgr le duc de Penthièvre. Seconde édition.
Paris, Didot l'aîné, 1784, in-18, mar. rouge, dent., dos
orné, dent. int., tr. dor. (*Rel. anc.*).

> Frontispice, feuillet de dédicace gravés, portrait et 4 figures
> de *Flouest*.
> Les feuillets de garde de l'ouvrage sont occupés par des
> petites poésies manuscrites simplement signées d'initiales.
> JOLI EXEMPLAIRE aux armes du marquis de VIMIEU ; de la
> bibliothèque de Ganay.

222. FONTENELLE, OEuvres diverses de M. de Fontenelle
de l'Académie française. Nouvelle édition, augmentée et
enrichie de figures gravées par Bernard Picart le Romain.

La Haye, Gosse et Neaulme, 1728-1729, 3 vol. in-4,
veau marbré, fil., dos ornés, tr. dor. (*Rel. anc.*).

6 frontispices ou figures de *B. Picart* (dont 1 avec le portrait
de Fontenelle), fleurons sur les titres, nombreuses vignettes
et culs-de-lampe de *B. Picart.*
Trou au faux titre du tome II.

223. FRÉRON et COLBERT, duc d'Estouteville. Adonis,
poème en prose. *A Londres et à Paris, chez Musier,* 1775,
gr. in-8, mar. vert foncé, titre de l'ouvrage poussé en or
dans un médaillon de palmes, dos orné, dent. int., tr.
dor. sur témoins, étui (*M. Lortic*).

Frontispice, figure, vignette et cul-de-lampe d'*Eisen,* gravés
par *Ponce.*
Exemplaire NON ROGNÉ, imprimé sur papier de Hollande.

224. GESSNER. OEuvres de Salomon Gessner. *Paris, s. d.*
(1786-1793), 3 vol. in-4, veau porphyre, pet. dent., dos
ornés, titres et tomaison sur mar. vert et rouge, bord.
int., tr. dor. (*Rel. anc.*).

Belle édition ornée de 2 frontispices dont 1 avec portrait,
de 3 titres ornés, de 72 figures et nombreux en-têtes et culs-de-
lampe par *Le Barbier.*
Reliures de l'époque très fraîches, dont les dos sont ornés
de jolis fers dorés.

225. GESSNER. OEuvres de Salomon Gessner (traduites
par Huber, Turgot, Meister, etc.). *Paris, Ant. Aug.
Renouard,* 1799, 4 vol. in-8, veau vert marbr., encadr.
à la grecque, initiales sur les plats, doubl. et gardes de
papier violet, tr. dor. (*Courteval*).

3 portraits et 48 figures de *Moreau.*
Exemplaire imprimé sur papier vélin, contenant les figures
en épreuves AVANT la lettre.

226. GRAFFIGNY (Mme de). Lettres d'une Péruvienne,
traduites du français en italien par M. Dedoati. *Paris,*

de l'Imprimerie Migneret, 1797, gr. in-8, veau bleu,
dent, d'encadr., dos orné, dent. int., tr. dor. (*Simier*).

> Portrait par *Gaucher* et 6 figures de *Le Barbier*.
> Exemplaire imprimé sur **grand papier vélin**, contenant le
> portrait et les figures en double état : **eaux-fortes** et épreuves
> AVANT la lettre.

227. GRESSET. OEuvres choisies. Edition ornée de figures
en taille-douce dessinées et gravées par Moreau le jeune.
Paris, Saugrain (Imp. de Didot jeune), 1794, in-18, mar.
rouge à longs grains, fil. à froid, dent. int., doubl. et
gardes de tabis bleu, tr. dor. (*Rel. anc.*).

> JOLI EXEMPLAIRE imprimé sur **papier vélin** et contenant les
> figures en épreuves AVANT la lettre.

228. LA CHAU ET LE BLOND (Abbés de). Description
des principales pierres gravées du Cabinet de S. A. S.
Monseigneur le Duc d'Orléans, premier prince du sang.
Paris, Pissot, 1780-1784, 2 vol. pet. in-fol., mar. rouge,
fil., dos ornés, bord. int., tr. dor. (*Rel. anc.*).

> Frontispice de *Cochin* gravé par *A. de Saint-Aubin*, fleuron
> de titre (répété deux fois), vignettes en-têtes et culs-de-lampe
> dessinés et gravés par *A. de Saint-Aubin* et nombreuses figures
> de pierres gravées.
> BEL EXEMPLAIRE relié par DERÔME, auquel on a ajouté 6 figures
> (sur 7) de la suite dite spintrienne.

229. LA CHAU ET LE BLOND (Abbés de). Description
des principales pierres gravées du Cabinet de S. A. S.
Monseigneur le Duc d'Orléans, premier prince du sang.
Paris, Pissot, 1780-1784, 2 vol. in-fol., mar. noir, fil. à
froid sur le dos et les plats, tr. dor. (*Rel. anc.*).

> Frontispice de *Cochin* gravé par *A. de Saint-Aubin*, fleuron de
> titre (répété deux fois), vignettes en-têtes et culs-de-lampe
> dessinés et gravés par *A. de Saint-Aubin* et nombreuses figures
> de pierres gravées.
> Bel exemplaire imprimé sur **grand papier de Hollande**.

230. **LA FONTAINE**. Contes et Nouvelles en vers. *Amster-dam* (*Paris, Barbou*), 1762, 2 vol. in-8, mar. rouge, large dent à pet. fers, dos ornés, titres et tomaison sur mar. vert, dent. int., tr. dor. (*Rel. anc.*),

Edition publiée aux frais des Fermiers généraux; elle est ornée de 2 portraits par *Ficquet*, de 80 figures par *Eisen*, de fleurons et culs-de-lampe par *Choffard*.
Les figures du *Cas de conscience* et du *Diable de Papefiguière* sont découvertes. Le portrait de Choffard est avant les tailles.
Jolie et fraîche reliure avec larges dentelles à petits fers sur les plats.
De la bibliothèque de J. Lemaître.

231. **LA FONTAINE**. Fables choisies, mises en vers par J. de La Fontaine, nouvelle édition gravée en taille-douce, les figures par le s^r Fessard, le texte par le s^r Montulay. *Paris, chez l'auteur*, 1765-1775, 6 vol. in-8, mar. rouge, large dent. avec coins ornés d'un semis d'her-mines, dos ornés, dent. int., tr. dor. (*Rel. anc.*).

Edition entièrement gravée avec des en-têtes, des figures et des culs-de-lampe pour chaque fable. Les dessins des figures sont de *Monnet, Loutherbourg, Saint-Quentin, Caresme*, etc.
Premier tirage.
Très bel exemplaire d'un livre fort rare dans une reliure ancienne avec dentelle.

232. **LE GROS**. L'Art de la Coëffure des Dames, dans le nouveau goût d'aprésent. Avec un traité en abrégé d'en-tretenir et conserver les cheveux. Dédiés aux Dames de bon gout par le S^r le Gros, coeffeur expert en ce genre. *A Paris, s. d.* (1765), in-8, veau marbré, dos orné, tr. rouges (*Rel. anc.*).

Titre et 11 pages gravés, planche se dépliant et 28 figures représentant des coiffures.
Première édition, rare, de cet ouvrage, la reliure est fati-guée et 2 planches manquent de fraîcheur.

233. **LE VAILLANT** (F.). Voyage de F. Le Vaillant dans

l'intérieur de l'Afrique par le Cap de Bonne-Espérance, nouvelle édition, revue, corrigée et considérablement augmentée par l'auteur, ornée de vingt figures en taille-douce, dont huit n'avoient pas encore paru. *Paris, Desray, an VI* (1798), 2 vol. — Second voyage de F. Le Vaillant dans l'intérieur de l'Afrique pendant les années 1783, 1784 et 1785, nouvelle édition, ornée de vingt-deux planches en taille-douce. *Ibid., id., an XI* (1803), 3 vol. Ensemble 5 vol. in-8 (tomés I à V), mar. bleu à longs grains, encadr. dor., motifs d'angles, dos ornés, doubl. et gardes de moire rose, tr. dor. (*Bozérian*).

> BEL EXEMPLAIRE imprimé sur papier fin d'Auvergne et conténant les figures en double état : en noir et coloriées.
> Jolie et fraîche reliure.

234. **LUCRETIUS (T.).** Titi Lucretii Cari de rerum natura libri sex ; accedunt selectæ lectiones dilucidando poemati appositæ. *Lutetiæ Parisiorum, Ant. Coustelier*, 1744, in-12, mar. rouge, fil., dos orné, dent. int., tr. dor. (*Rel. anc.*).

> Frontispice, 6 figures et 6 fleurons par *van Mieris*, gravés par *Duflos*.
> Exemplaire de PREMIER TIRAGE, ayant appartenu à LA PEYRONIE, chirurgien de Louis XV, les pièces de ses armoiries sont sur le dos de la reliure.

235. **LUCREZIO.** Della Natura delle Cose, libri sei, tradotti dal latino in italiano da Alessandro Marchetti. *Amsterdamo (Paris)*, 1754, 2 vol. in-8, mar. rouge, large dent., dos ornés, dent. int., tr. dor. (*Rel. anc.*).

> 2 frontispices et 2 titres par *Eisen*, 6 figures par *Cochin* et *Le Lorrain*, 7 vignettes par *Cochin* et *Eisen*, et 5 culs-de-lampe par *Cochin, Eisen* et *Vassé*.
> Reliure de DOUCEUR, avec larges dentelles sur les plats.

236. **LUCRÈCE** [De la Nature des Choses], traduction nouvelle avec des notes par M. L*** G*** (La Grange). *Paris, Bleuet*, 1768, 2 vol. in-8, papier de Hollande, mar.

rouge, fil., fleurons d'angles, dos ornés, bord. int., tr.
dor. (*Rel. anc.*).

Frontispice et 6 figures de *Gravelot*.

·237. MARGUERITE, reine de Navarre. Les Nouvelles de
Marguerite, reine de Navarre. *Berne, chez la Nouvelle
Société typographique*, 1780-1781, 3 vol. in-8, mar. vert,
pet. dent., dos plats ornés, bord. int., tr. dor. (*Rel. anc.*).

Frontispice de *Dunker*, répété à chaque volume, 73 figures
de *Freudeberg* et 143 vignettes ou culs-de-lampe par *Dunker*.
Exemplaire dans une fraîche reliure de la fin du xviii⁰ siècle
ou des premières années du xix⁰, 2 figures du premier volume
ont été, à la reliure, placées dans le second,

·238. **MARMONTEL.** Contes moraux par M. Marmontel, de
l'Académie françoise. *Paris, Merlin*, 1765, 3 vol. in-8,
mar. rouge, fil., dos ornés, bord. int., tr. dor. (*Rel. anc.*).

1 portrait de Marmontel gravé par *Saint-Aubin* d'après
N. Cochin, 1 titre répété à chaque volume et 23 figures de *Gra-
velot*.
Exemplaire de PREMIER TIRAGE relié aux armes de Marie
Gabriel Bernard JUBERT DE BOUVILLE, chanoine et grand vicaire
de Chartres.

239. **MARMONTEL.** Bélisaire, par M. Marmontel. *Paris,
Merlin*, 1767, in-8, mar. rouge, fil., dos orné, dent. int.,
tr. dor. (*Rel. anc.*).

Frontispice et 3 figures de *Gravelot*.
BEL EXEMPLAIRE, imprimé sur papier de **Hollande**.

·240. MARMONTEL. Les Incas, ou la Destruction de l'Empire du Pérou ; par M. Marmontel. *Paris, Lacombe*,
1777, 2 vol. in-8, mar. rouge à longs grains, compart.
de fil. droits et courbes, dos ornés de faux nerfs dor.,
bord. int. à la grecque, tr. dor. (*Rel. anc.*).

Frontispice et 10 figures de *Moreau*.
Reliure de la fin du xviii⁰ siècle.

241. MARTIALIS. M. Valerii Martialis Epigrammatum libri ; ad optimos codices recensiti & castigati. *Parisiis, Josephi Barbou,* 1754, 2 vol. in-12, mar. rouge, fil., dos ornés, dent. int., tr. dor. (*Rel. anc.*).

> Frontispice et 2 vignettes d'*Eisen*.
> JOLI EXEMPLAIRE.

242. METASTASIO, Opere del signor Abate Pietro Metastasio. *In Parigi, presso la vedova Hérissant,* 1780-1782, 12 vol. in-4, mar. vert, fil., dos ornés, dent. int., tr. dor. (*Rel. anc.*).

> Portrait par *Steiner* gravé par *Gaucher* et 37 figures dont 35 par *Cipriani, Cochin, Martini* et *Moreau* et 2 d'après *B. Picart* représentant des personnages des Comédies de Térence.
> BEL EXEMPLAIRE imprimé sur grand papier de Hollande.

243. MOLIÈRE. OEuvres de Molière, avec des remarques grammaticales ; des avertissements et des observations sur chaque pièce, par M. Bret. *Paris, Compagnie des Libraires associés,* 1773, 6 vol. in-8, veau écaille, fil., dos ornés d'une sphère et de pet. fers, tr. dor. (*Rel. anc.*).

> Edition remarquablement illustrée d'un portrait, de 33 figures et de 6 fleurons de titres par *Moreau*.
> BEL EXEMPLAIRE.

244. MONTESQUIEU. Le Temple de Gnide. Nouvelle édition, avec figures gravées par N. Le Mire, d'après les dessins de Ch. Eisen. Le texte gravé par Drouët. *Paris, Le Mire,* 1772, gr. in-8, mar. rouge, fil., doubl. et gardes de papier doré, dent. int., tr. dor. (*Rel. anc.*).

> Titre et frontispice gravés, vignette en-tête et 9 figures d'*Eisen*, dont 2 pour *Céphise*.
> La seconde figure de Céphise porte comme légende : *La Chaleur va les faire renaître.*

245. MONTESQUIEU. Le Temple de Gnide suivi (de Céphise et l'Amour) et d'Arsace et Isménie, par Montes-

quieu. *Paris, Imprimerie de Didot l'aîné l'an IV* (1796),
in-18, mar. rouge à longs grains, encadrem. à la grecque, dos orné, dent. int., doubl. de tabis bleu, mors de
mar. rouge, gardes de tabis rose, tr. dor. (*Rel. anc.*).

> Portrait de l'auteur (sur le titre) gravé en médaillon par
> *Saint-Aubin*, et 12 figures de *Regnault* et *Le Barbier*.
> Exemplaire imprimé sur **papier vélin**, contenant les illustra-
> tions en épreuves AVANT la lettre.

246. MOREAU. Réunion de 292 figures gravées d'après les
dessins de Moreau pour le *Nouveau Testament*. Paris,
Didot, 1793-1798, en feuilles dans un carton.

> 81 figures sont à l'état d'EAUX-FORTES, 178 sont en épreuves
> AVANT la lettre et 33 avec la lettre. De nombreuses figures sont
> en double.

247. OFFICIUM Beatæ Mariæ Virginis. *Venetiis, apud
Jo. Baptistam Pasquali*, 1740, in-16, mar. vert, dent.,
dos orné, doubl. et gardes de satin vert, tr. dor. (*Rel. anc.*).

> Petit volume entièrement gravé orné d'un frontispice, d'un
> titre gravé, de figures et culs-de-lampe non signés mais qui
> sont de *Piazzetta*.

248. OVIDIUS (P.). P. Ovidii Nasonis opera quæ supersunt. *Parisiis, Barbou*, 1762, 3 vol. in-12, mar. rouge,
fil., dos ornés, dent. int., tr. dor. (*Rel. anc.*).

> 3 frontispices et 3 vignettes d'*Eisen*.

249. OVIDE. Traduction des Fastes d'Ovide, avec des
Notes et des recherches de critique, d'histoire, etc., avec
figures, par M. Bayeux, avocat au parlement de Norman-
die. *Rouen, Boucher, et à Paris, Vᵛᵉ Ballard et Barrois*,
1783-1788, 4 vol. in-4, mar. rouge à longs grains, fil.,
dos ornés, dent. int., tr. dor. (*Rel. de l'époque*).

> Frontispice de *Cochin*, gravé par *Gaucher* ; 6 figures de *Le
> Barbier* et nombreuses vignettes ou culs-de-lampe, par *Le
> Barbier* et *Gaucher* ou non signés.
> Exemplaire imprimé sur **grand papier**.

250. PATAS. Sacre et Couronnement de Louis XVI, Roi
de France et de Navarre, à Reims, le 11 juin 1775 (par
l'abbé Pichon) précédé de recherches sur le Sacre des
Rois de France (par Gobet) depuis Clovis jusqu'à Louis XV ;
et suivi d'un journal historique de ce qui s'est passé à cette
auguste cérémonie. Enrichi d'un très grand nombre de
figures en taille-douce, gravées par le Sieur Patas, avec
leurs explications. *Paris, Vente et Patas*, 1775, pet. in-4,
mar. rouge, fil. et fleurs de lis aux angles, dos orné et
fleurdelisé, dent. int., tr. dor. (*Rel. anc.*).

> Titre gravé, frontispice, grand plan de Reims, planche d'ar-
> moiries, 9 planches pliées, et 39 figures de costumes,
> Exemplaire relié aux armes de Louis XVI.

251. PATERCULUS' (C. Velleius). Caii Velleii Paterculi
Historiæ Romanæ, libri duo accurante Steph. And. Philippe. *Lutetiæ Parisiorum, Barbou*, 1754, in-12 réglé,
mar. rouge, fil. et dent., dos orné, dent. int., doubl. et
gardes de tabis bleu, tr. dor. (*Rel. anc.*).

> Frontispice, vignette et cul-de-lampe par *de Sève*, gravés par
> *Fessard*.
> Reliure très fraîche ornée d'une petite dentelle peu com-
> mune.

252. PHÆDRUS. Phædri Aug. liberti fabularum Æsopia-
rum libri V, notis illustravit in usum serenissimi prin-
cipis Nassavii, David Hoogstratanus. *Amstelædami, Halma*,
1701, in-4, mar. rouge, fil., dos orné à la grotesque,
dent. int., tr. dor. (*Rel. anc.*).

> Frontispice par *Gœrée*, gravé par *Boulats* ; 1 fleuron de titre,
> portrait de Guillaume de Nassau par *Vaillant*, gravé par *Van
> Gunst*, vignettes, culs-de-lampe, lettres ornées, et 18 figures
> composées chacune de 6 médaillons à sujets dessinés et gravés
> par *Van Vianen*.
> Bel exemplaire bien relié.

253. PHÆDRUS. Phædri Augusti liberti fabulæ ad ma-

nuscriptos codices et optimam quamque editionem emendavit Steph. And. Philippe. *Parisiis, Barbou,* 1754, in-12, mar. rouge à longs grains, dos plat orné, bord. int., tr. dor. (*Rel. anc.*).

Frontispice, 7 vignettes et 5 culs-de lampe par *Durand*, gravés par *Fessard* et *Sornique.*
Reliure fraîche.

254. PIIS. Chansons nouvelles de M. de Piis. Ecuyer, dédiées à Mgr. le Comte d'Artois, *Paris, Defer de Maisonneuve, s. d.* (1785), pet. in-12, mar. rouge, fil., dos orné, tr. dor. (*Rel. anc.*).

Frontispice gravé par *Choffard,* 12 jolies figures de *Le Barbier* gravées par *Gaucher* et 21 pages de musique gravée.
Exemplaire grand de marges (haut. 148 millimètres).

255. PLAUTUS. Marci Accii Plauti Comœdiæ quæ supersunt. *Parisiis, Barbou,* 1759, 3 vol. in-12, mar. rouge, fil., dos ornés, dent. int., tr. dor. (*Rel. anc.*).

3 frontispices et 3 vignettes d'*Eisen,* gravés par *Lempereur* et *Aliamet.*

256. POLIGNAC (Cardinal de). L'Anti-Lucrèce, poëme sur la Religion naturelle, composé par M. le Cardinal de Polignac, traduit par M. de Bougainville, de l'Académie royale des Belles-Lettres. *Paris, Guérin,* 1749, 2 vol. in-8, mar. rouge, fil., dos ornés, dent. int., tr. dor. (*Rel. anc.*).

Portrait d'après *Rigaud* et jolies vignettes en-têtes et culs-de-lampe par *Eisen,* les mêmes que dans l'édition latine de 1747.

257. RABAUT (J. P.). Précis historique de la Révolution françoise, suivi de l'Acte constitutionnel des François, d'une Table des Décrets et Evénements remarquables qui ont eu lieu pendant l'Assemblée constituante, et de Réflexions politiques. *Paris, Imprimerie de P. Didot*

l'aîné, 1792, 2 parties en 2 vol. in-18, mar. bleu très foncé à longs grains, compart. de fil. dor. droits et courbes, dos ornés de faux nerfs dor., encadr. int. à la grecque, doubl. et gardes de moire tricolore (bleu, blanc, rouge), tr. dor. (*Rel. anc.*).

Frontispice et 5 figures gravées d'après *Moreau*, en épreuves AVANT la lettre.

JOLI EXEMPLAIRE imprimé sur **papier vélin** auquel on a ajouté :

1° — 1 frontispice et 14 figures non signées, épreuves avant la lettre, relatives aux premiers événements de la Révolution :

Journal du 6 octobre : Le Roi et la Reine paraissent au balcon du château de Versailles. — Charge du marquis de Lambesc à la tête du Royal-Allemand dans le jardin des Tuileries. — Les têtes de Foulon et de Berthier sont portées sur des piques. — Départ des premiers émigrants (Prince de Condé et comte d'Artois). — Arrestation de Foulon. — Le Tiers-Etat se constitue en Assemblée nationale. — L'Assemblée nationale demande au Roi le renvoi des troupes. — Arrestation du marquis de Launay, gouverneur de la Bastille. — Bailly présentant au Roi les clefs de la ville de Paris. — Arrivée de la famille royale à Paris. — Soldats dépouillés de leurs armes par le marquis de La Fayette. — Remise d'une épée à un Anglais qui avait, dans les troubles de Vernon, sauvé la vie à un citoyen français. — Le Roi prête serment à l'Assemblée nationale de maintenir et de défendre la Constitution, — La Confédération des Français (cette figure est avec la lettre et légende en allemand).

2° — 1 titre gravé et 25 portraits gravés en médaillon, des personnages suivants :

Louis XVI, Marie-Antoinette, buste de Necker couronné, Bailly, La Fayette, abbé Maury, comte de Mirabeau, d'Espremenil, Herné (Arné) grenadier, abbé Louis Gouttes, Friteau, Le Camus, Target, abbé Sieyès, Alexandre de Lameth, Barnave, Charles de Lameth, duc d'Aiguillon, Le Chapellier, duc d'Orléans, de Clermont Tonnerre, Lally-Tollendal, Nicolas Bergasse, vicomte de Mirabeau, Rabaut (ce dernier portrait en frontispice au tome I).

Ces portraits non signés proviennent de l' « *historisch genealogisher Almanach für II*ᵉʳ *Jahr der Freiheit*, Braunschweig 1791 » ; elles paraissent l'œuvre du graveur *Chodowiecki*.

Le texte allemand du titre de cette suite a été assez maladroitement gratté.

258. **RACINE.** OEuvres de Jean Racine avec des commen-

taires par M. Luneau de Boisjermain. *Paris, Imp. de Louis
Cellot (chez Ch. Panckouke)*, 1768, 7 vol. in-8, mar.
rouge, fil., dos de mar. vert olive, ornés, dent. int., tr.
dor. (*Rel. anc.*).

> BEL EXEMPLAIRE, un des très rares imprimés sur grand papier
> de Hollande ; il contient les figures en épreuves AVANT la lettre.
> Les dos sont ornés de très curieux fers différents de ceux que
> Gravelot a gravés pour cette édition.

259. RACINE. OEuvres complètes de Jean Racine. Nouvelle édition, ornée de figures dessinées par Lebarbier et
gravées sous sa direction. *De l'Imprimerie de Didot. Paris,
chez Déterville*, 1796, 4 vol. gr. in-8, mar. rouge, encadr.
à la grecque, dos ornés, doubl. et gardes de tabis bleu,
tr. dor. (*Rel. anc.*).

> Portrait gravé par *Gaucher*, 12 figures de *Lebarbier*.
> BEL EXEMPLAIRE imprimé sur papier vélin, contenant les illus-
> trations en épreuves AVANT la lettre ; la légende des figures
> étant imprimée sur des papiers de soie.
> 2 portraits gravés par *Gaucher* ajoutés : de Corneille et de
> Racine; ce dernier est celui qui accompagne l'édition des
> *OEuvres* de 1768.

260. RAYNAL (Thomas). Histoire philosophique et politique des établissements et du Commerce des Européens
dans les deux Indes. *Genève, Pellet*, 1780, 10 vol. in-8,
et un atlas in-4, mar. rouge à longs grains, dent., dos
ornés au pointillé, tr. dor. (*Bozérian*).

> Portrait d'après *Cochin* et 9 figures d'après *Moreau*; on y a en
> outre ajouté deux figures gravées avec encadrements pour cet
> ouvrage. L'une est gravée d'après *Eisen* et l'autre non signée.
> Diderot et d'Holbach collaborèrent à cet ouvrage pour la
> partie philosophique.

261. RÉGNIER (M.). Satyres et autres OEuvres de Régnier
accompagnées de remarques historiques (de Brossette).
Nouvelle édition, considérablement augmentée. *Londres,*

Jacob Tonson, 1733, in-fol., mar. rouge, fil., dos orné, dent. int., tr. dor. (*Rel. anc.*).

Frontispice par *Natoire*, gravé par *L. Cars*, 1 fleuron sur le titre par *Cochin*, 7 vignettes et 15 culs-de-lampe qui se répètent par *Boucher* et *Natoire*, gravés par *Cochin*.

Jolie édition dont les pages sont dans un encadrement rouge.

BEL EXEMPLAIRE imprimé sur **grand papier de Hollande** de format in-folio.

262. **RENOULT.** Les Avantures de la Madona et de François d'Assise, recueillies de plusieurs ouvrages des Docteurs Romains; ecrites d'un style récréatif, en même temps capable de faire voir le ridicule du Papisme sans aucune controverse, par Mr Renoult. Troisième édition. *Amsterdam, chez les héritiers de Daniel la Feuille*, 1745, in-12, mar. rouge, fil., dos orné, dent. int., tr. dor. (*Rel. anc.*).

Frontispice et 8 figures [Cohen en annonce 10] par *La Feuille*.

263. **RESTIF DE LA BRETONNE.** Les Contemporaines ou Avantures des plus jolies femmes de l'âge présent ; recueillies par N. E. R*** d* l* B* et publiées par Timothée Joly, de Lyon, dépositaire de ses manuscrits. Seconde édition. *Leipsick, et se trouve à Paris, chès la dame Vve Duchesne*, 1781-1785, 42 vol. in-12, basane marbr., pet. dent., dos ornés, tr. marbr. (*Rel. anc.*).

283 figures de *Binet* ou non signées.

Exemplaire, complet de toutes les figures, dans une reliure du début du XIXe siècle.

264. **RESTIF DE LA BRETONNE.** Les Parisiennes ou XL caractères généraux, pris dans les mœurs actuelles, propres à servir à l'instruction des Personnes-du-Sexe. *Neufchatel*, 1787, 4 vol. in-12, veau marbr., dos ornés, tr. marbr. (*Rel. anc.*).

20 figures non signées.

Exemplaire provenant de la bibliothèque de Mme Arman de Caillavet.

265. ROUBO. L'Art du Menuisier par M. Roubo le fils, compagnon menuisier. *S. l.* [*Paris*]. 1769-1770, 2 parties. — L'Art du treillageur ou menuiserie des jardins, quatrième et dernière partie de l'Art du menuisier. 1775. Ensemble 3 parties en 2 vol. in-fol., veau brun, (*Rel. anc.*).

> L'*Art du Menuisier* comporte 169 planches, presque toutes relatives à la décoration des boiseries d'appartement.
> L'*Art du Treillageur* est ornée de 46 planches.
> Exemplaire incomplet de la 3ᵉ partie ; le second volume est maculé et les reliures sont en très mauvais état.

266. ROUSSEAU (J.-J.). Emile ou de l'Education, par J.-J. Rousseau, citoyen de Genève. *La Haye, Jean Néaulme,* 1762, 4 vol. in-8, mar. rouge, fil., dos ornés, dent. int., tr. dor. (*Rel. anc.*).

> EDITION ORIGINALE ; 5 figures d'*Eisen*.
> BEL EXEMPLAIRE, bien relié ; les pièces de titre et tomaison semblent d'une époque plus récente que les reliures.
> Les *numéros 266 à 270 pourront être réunis,* les reliures de ces volumes étant à peu près uniformes.

267. ROUSSEAU (J.-J.). La Nouvelle Heloïse ou Lettres de deux Amans, habitans d'une petite ville au pied des Alpes ; recueillies et publiées par J.-J. Rousseau. Nouvelle édition, revue, corrigée et augmentée de figures en taille-douce, et d'une table des matières. *A Neufchâtel et se trouve à Paris chez Duchesne,* 1764, 4 vol. in-8, mar. rouge, fil., dos ornés, dent. int., tr. dor. (*Rel. anc.*).

> Frontispice de *Cochin* et 12 figures de *Gravelot.*

268. ROUSSEAU (J.-J.). Lettres écrites de la Montagne par J. J. Rousseau (Vitam impendere vero). *Amsterdam. Marc Michel Rey,* 1764, 2 part. en 1 vol. in-8, mar. rouge, fil., dos orné à la grotesque, dent. int., tr. dor. (*Rel. anc.*).

> EDITION ORIGINALE.

269. ROUSSEAU (J.-J.). OEuvres [diverses] de M. Rousseau de Genève, nouvelle édition, revue, corrigée et augmentée de plusieurs morceaux qui n'avoient point encore paru. *Neufchatel*, 1764, 7 vol. in-8, mar. rouge, fil., dos ornés à la grotesque, dent. int., tr. dor. (*Rel. anc.*).

> 2 portraits différents de J.-J. Rousseau, gravés d'après *La Tour* et 5 frontispices d'après *Eisen, Gravelot, Pigalle* et non signé ; musique notée.
>
> Le tome IV porte sur un feuillet des annotations marginales au crayon.

270. ROUSSEAU (J.-J.). OEuvres posthumes de Jean Jacques Rousseau. ou Recueil de pièces manuscrites pour servir de supplément aux Editions publiées pendant sa vie. *Genève*, 1781-1783, 12 vol. in-8, mar. rouge, fil., dos ornés à la grotesque, dent. int., tr. dor. (*Rel. anc.*).

> Cet ouvrage contient, en ÉDITION ORIGINALE, les VI premiers livres des *Confessions*.

271. **ROUSSEAU** (J.-J.). OEuvres. *A Londres (Bruxelles)*, 1774-1783, 12 vol. in-4, veau écaille, fil., dos ornés, tr. dor. (*Rel. anc.*).

> 1 portrait de Rousseau gravé par *Saint-Aubin* d'après *La Tour*, 12 fleurons de *Choffard, Le Barbier* et *Moreau* et 37 figures de *Moreau* et *Le Barbier* ; musique gravée.
>
> Quelques rousseurs dans le papier comme à la plupart des exemplaires.

272. SAINT-LAMBERT. Les Saisons. Poëme (par Saint-Lambert). Septième édition. *Amsterdam (Paris)*, 1775, in-8, mar. rouge, fil., dos plat orné, bord. int., tr. dor. (*Rel. anc.*).

> Fleuron de titre, 4 vignettes en-têtes par *Choffard* et 7 figures par *Moreau le Jeune*.
>
> Reliure, très fraîche, de la fin du XVIIIe siècle dans le genre de Derome.

273. SAINT-NON (Abbé de). Voyage pittoresque ou Des-

cription du Royaume de Naples et de Sicile. *Paris, 1781-1786*, 4 tomes en 5 vol. in-fol., mar. rouge, fil., dos ornés, tr. dor. (*Rel. anc.*).

Bel ouvrage, orné de nombreuses gravures et cartes, exécuté aux frais de l'auteur l'abbé de Saint-Non.
Exemplaire relié par Derome bien complet de la planche des phallus et de celles des médailles des villes de la Sicile.

274. SAINT-PIERRE (Bernardin de). Paul et Virginie, avec figures. *A Paris (chez P. Fr. Didot jeune) de l'Imprimerie de Monsieur*, 1789, in-18, mar. rouge, pet. dent. de fil. pleins et au pointillé, dos orné, dent. int., doublé et gardes de tabis bleu de ciel, large dent. int., tr. dor. (*Rel. anc.*).

Première édition séparée, ornée de 4 figures de *Moreau* et *J. Vernet*, gravées par *Girardet, Halbou* et *De Longueil*.
Exemplaire imprimé sur **papier vélin** contenant les figures en épreuves AVANT la lettre.
Exemplaire auquel on a ajouté une lettre portant la signature autographe de Louis XVI, adressée à M᷆ de Laporte, le prévenant que le Roi disposait de la place de Surintendant de son Jardin des Plantes en faveur de l'auteur des *Etudes de la Nature*. « Ses livres sont ceux d'un honneste homme et ses talents le désignent à mon choix comme un digne successeur de Buffon.»

275. SCARRON. Le Roman comique. Edition ornée de figures dessinées par Le Barbier et gravées sous sa direction. *De l'Imprimerie de Didot le Jeune, Paris, Janet*, 1796, 3 vol. gr. in-8, mar. bleu, encadr. de 5 fil. avec motifs dorés, bord. int., tr. dor. (*Desloge*).

Portrait et 15 figures de *Le Barbier*.
Exemplaire imprimé sur **grand papier vélin** contenant les illustrations en épreuves AVANT la lettre.

276. **TACITUS.** C. Cornelii Taciti quæ exstant opera, recensuit J. N. Lallemand. *Parisiis, apud Desaint et Saillant, typis Barbou*, 1760, 3 vol. in-12, mar. rouge,

.dent. à pet. fers, dos ornés, doubl. et gardes de tabis bleu,
tr. dor. (*Rel. anc.*).

3 frontispices d'*Eisen* gravés par *Lempereur*.
Jolie reliure de DEROME, ornée d'une large dentelle à petits
fers dont celui dit « à l'oiseau ».
De la bibliothèque de J. Lemaître.

277. TASSO (Torquato). La Gerusalemme liberata, poema
eroico di Torquato Tasso. *Parigi, Prault,* 1744, 2 vol.
in-12, mar. bleu foncé, large dent. à pet. fers, dos ornés,
bord. int., tr. dor. (*Rel. anc.*).

Frontispice d'après *Cochin*, titres gravés et 20 figures numé-
rotées et non signées.

278. TASSO (Torquato). La Gerusalemme liberata di Torquato Tasso, con le figure di Giambatista Piazzetta.
Venezia, 1745, in-fol., veau marbré, large dent., grand
milieu, dos orné, dent. int., tr. jasp. et dor. (*Rel. anc.
italienne*).

Belle édition ornée d'un beau frontispice, de figures gravées
dans des encadrements, de médaillons contenant les arguments
des chapitres, d'initiales et culs-de-lampe.
Reliure fatiguée.

279. TASSO (Torquato), La Gerusalemme liberata di Torquato Tasso. *Parigi, A. Delalain,* 1771, 2 vol. in-8,
mar. rouge, fil., dos ornés, dent. int., tr. dor. (*Rel. anc.*).

2 frontispices avec les portraits du Tasse et de Gravelot,
2 titres et 1 dédicace gravés, 20 figures, 9 grands culs-de-lampe
et 14 petits, le tout par *Gravelot.*
BEL EXEMPLAIRE, dans la reliure dont les dos sont ornés de
fers dessinés par Gravelot. Elle est très fraîche.

280. TASSO (Torquato). La Gerusalemme liberata di Torquato Tasso, stampata d'ordine di Monsieur. *Parigi,
presso Franc. Ambr. Didot l'aîné,* 1784, 2 vol. in-4,

papier vélin, mar. vert, fil., fleurons d'angles, dos ornés,
bord. int., tr. dor. (*Rel. anc.*).

Frontispice et 40 figures d'après *Cochin*.
Edition tirée à 200 exemplaires. Le tome II porte la date
de 1786.

281. TASSONI. La Secchia rapita, poëma eroicomico di
Alessandro Tassoni. *Parigi, L. Prault*, 1766, 2 vol. in-8,
mar. vert, fil., fleurettes aux angles, dos ornés, dent. int.,
tr. dor. (*Rel. anc.*).

2 titres, 1 dédicace, 1 portrait en médaillon gravés, 12 figures,
12 en-têtes par *Gravelot* et 12 culs-de-lampe par *Huet* et
Marillier.
Exemplaire de la bibliothèque Bordes de Fortage.

282. TÉRENCE. Les Comédies de Térence. Traduction
nouvelle, avec le texte latin à côté, et des notes par
M. l'abbé Le Monnier. *Paris, chez Ant. Jombert*, 1771,
3 vol. in-8, veau marbr., dos ornés, tr. jasp. (*Rel. anc.*).

Frontispice et 6 figures de *Cochin*.
Exemplaire imprimé sur **papier de Hollande**. La reliure
porte, dans un médaillon au milieu des plats, l'indication :
« Pages du Roi. Versailles », au-dessus, la couronne royale.

283. THOMPSON. Les Saisons, poème traduit de l'anglais
de Thompson (par Mme Bontemps), *Paris, Didot jeune*,
l'an III (1795), in-8, mar. citron, pet. dent., dos orné,
dent. int., tr. dor. (*Rel. anc.*).

4 figures de *Le Barbier*, en PREMIER TIRAGE.
Exemplaire imprimé sur **papier vélin**, contenant les illustrations en épreuves AVANT la lettre.

284. VIRGILE. Les Géorgiques de Virgile, traduction nouvelle en vers françois enrichie de notes et de figures par
M. Délille. *Paris, Bleuet*, 1770, in-8, mar. olive, fil., dos
orné, bord. int., tr. dor. (*Rel. anc.*).

Frontispice par *Casanova* et 4 figures d'*Eisen*.
Exemplaire imprimé sur **grand papier de Hollande**.

285. VIRGILIO. L'Eneide di Virgilio, del commendatore Annibal Caro. *In Parigi, presso la vedova Quillau*, 1760, 2 vol. in-8; mar. vert, fil., dos ornés à l'oiseau, tr. dor. (*Rel. anc.*).

> Portraits, titres gravés, 12 figures, vignettes en-têtes et culs-de-lampe d'après *Zocchi*.
> Fraîche et excellente reliure de Derome dont la couleur n'a pas passé.

286. VIRGILIUS. Publii Virgilii Maronis Opera ; curis & studio Stephani Andreæ Philippe. *Lutetiæ Parisiorum, sumptibus Ant. Urb. Coustelier*, 1745, 3 vol. in-12, mar. rouge, fil., dos ornés, gardes de papier doré à fleurettes de couleurs, dent. int., tr. dor. (*Rel. anc.*).

> Frontispice, 17 figures de *Cochin*, 25 en-têtes et 22 culs-de-lampe non signés, dont plusieurs se répètent.
> Bel exemplaire imprimé sur papier de Hollande.

287. VOLTAIRE. Romans et contes de M. de Voltaire. *Bouillon, Société typographique*, 1778, 3 vol. in-8, veau porphyre, pet. dent., dos ornés, bord. int., tr. dor. (*Rel. anc.*).

> Portrait, 57 figures, vignette, en-têtes de *Monnet, Moreau, Marillier*, etc.
> Bel exemplaire contenant les figures en épreuves avant les numéros.
> Reliure fraîche, peut-être de Derome.

288. VOYAGES EN FRANCE (de Chapelle et de Bachaumont, Lefranc de Pompignan, Gresset, Piron, Gaucher, etc.), ornés de gravures, avec des notes par La Mésangère. *Paris, Chaigneau aîné*, 1796-1798, 4 vol. in-18, mar. rouge, fil., compart. à froid et dor., dos ornés, fil. à l'int., tr. dor.

> 1 frontispice, 8 portraits et 21 figures gravées par *Dupréel, Gaucher, Lingée, Lemire*, d'après *Blanchard, Fragonard fils, Lebrun, Lemire*, etc.

Bel exemplaire imprimé sur **papier vélin** contenant les figures en épreuves avant la lettre.
Jolie reliure dans le genre de celles de Courteval.

289. **ZACHARIE**. Les Quatre parties du jour. Poème en vers libres, imité de l'allemand de Zacharie. Dédié à Monseigneur le Comte de Provence par M. l'Abbé Aleaume. *Paris, Le Prieur*, 1773, in-8, veau marbr., fil., dos plat orné, tr. dor. (*Rel. anc.*).

> Exemplaire imprimé sur **grand papier** et relié aux armes du comte de Provence auquel l'ouvrage est dédié.
> Sur le feuillet de garde, la note suivante :
> « Ce livre me vient de Mr de Laudigeais, sous-directeur du Ranelagh qui le reçut en cadeau de S. M. la Reine Marie Antoinette avec la bourse et le tableau de Boucher »
> M^{quis} de Carbonnel d'Hierville.

---

290. **AUDEBERT** (J. B.) et **L. P. VIEILLOT**. Histoire naturelle et générale des Colibris, oiseaux-mouches, jacamars et promérops. *Paris, Desray*, 1802. — Histoire naturelle et générale des grimpereaux et des oiseaux de paradis. *Ibid., id.*, 1802. — Ensemble 2 vol. grand in-4, mar. rouge à longs grains, compart. de dent. dorée, dos ornés ; à l'intérieur, grand encad. de mar. avec guirlande de ceps et feuilles de vignes, contre-plat et gardes de papier bleu, tr. dor. (*Rel. anc.*).

> Beaux exemplaires imprimés sur **papier vélin** et dont les 190 planches ont été coloriées avec le plus grand soin.

291. **CRÉBILLON**. Œuvres. *Paris, Renouard*, 1818, 2 vol. gr. in-8, mar. bleu à longs grains, encadr. de 2 dent. à froid, fil. avec bande d'ornem. et motifs d'angles dor., dos ornés, bord. int., tr. dor. (*Simier*).

> Portrait par *A. de Saint-Aubin* et 9 figures de *Moreau*.
> Très bel exemplaire imprimé sur **papier vélin** et contenant les illustrations et épreuves avant la lettre.
> Belle reliure d'une grande fraîcheur.

292. DANTE. Compositions from the Hell, Purgatory, and Paradise of Dante Alighieri, by Iohn Flaxman, sculptor. *London, Longman,* 1807, in-4, mar. vert, encadr. de 5 fil., dos orné, 5 fil. int., tr. dor. (*Clarke*).

> Suite de 110 compositions gravées au trait.

293. DUCIS (J.-F.) OEuvres de J.-F. Ducis, membre de l'Institut, ornées du portrait de l'Auteur, d'après M. Gérard, et des gravures d'après MM. Girodet et Desenne. *Paris, Nepveu,* 1813, 3 vol. in-8, mar. violet à longs grains, encadr. dor., dos ornés, dent. int., tr. dor. (*Chilliat*).

> Exemplaire imprimé sur **papier vélin**, contenant le portrait et les figures en épreuves AVANT la lettre et provenant de la bibliothèque de Mme Arman de Caillavet.

294. HURTADO DE MENDOZA. Aventures et espiégleries de Lazarille de Tormes, écrites par lui-même. Nouvelle édition ornée de 40 figures dessinées et gravées par N. Ransonnette. *Paris, Didot,* 1801, 2 tomes en 1 vol. in-8, cuir de Russie fauve, encadr. dor., plats couverts de fil. à froid formant losanges, dos orné d'étoiles sur semis de pointillé, bord. int., tr. dor. (*Simier*).

> BEL EXEMPLAIRE imprimé sur **papier de Hollande**, contenant les illustrations en épreuves AVANT la lettre.

295. PARNY (Evariste). OEuvres d'Evariste Parny. *Paris, Debray (de l'Imprimerie de P. Didot l'aîné),* 1808, 5 vol. in-18, mar. violet foncé, fil. dor. et à froid, dos ornés, tr. dor. (*Rel. de l'époque*).

> Jolie édition; le cinquième volume comprend *la Guerre des Dieux.* On a ajouté à ce poème 10 figures gravées à l'eau-forte par *Chauvet.*
>
> BEL EXEMPLAIRE imprimé sur **papier vélin**, provenant de la bibliothèque de Jules Lemaître.

296. REDOUTÉ. Les Roses, par P. J. Redouté, peintre de

fleurs, dessinateur en titre de la classe de physique de l'Institut et du Museum d'histoire naturelle. *Paris, Firmin-Didot*, 1817-1824, 3 vol. gr. in-4, dos et coins de mar. rouge à longs grains (*Rel. de l'époque*).

> Portrait de P.-J. Redouté gravé par *Pradier* et 170 planches gravées en couleurs.

297. **SACRE DE NAPOLÉON I**er. Le Sacre de S. M. l'Empereur Napoléon, dans l'église métropolitaine de Paris, le XI frimaire an XIII, dimanche 2 décembre 1804 (Avec la description des tableaux par Etienne Aignan). *Paris, Imprimerie impériale, s. d.* (1805), gr. in-fol., titre gravé, mar. grenat à longs grains, fil. et dent. d'encadr. dor. et à froid, abeilles dor. aux angles, aigle impériale au milieu des plats, dos orné ; à l'intérieur doubl. de mar. gris, grand et large encadr. de dent. à froid, compart. de fil. dor. avec grands motifs mosaïqués en mar. rouge, milieux, tr. dor. (*Thouvenin*).

> 39 planches d'après *Isabey, Percier* et *Fontaine*.
> Cet ouvrage ne fut pas mis en vente ; il est devenu rare.
> Très bel exemplaire recouvert d'une riche reliure mosaïquée.

298. SAINT-PIERRE (Bernardin de). Paul et Virginie. *Paris, de l'Imp. de P. Didot l'aîné*, 1806, in-4, mar. rouge à longs grains, dent. dor. et à froid, compart. d'un filet dor., plaque à froid formant milieu, dos orné, dent. int. dor., doubl. et gardes de moire verte, tr. dor. (*Boullanger fils*).

> Exemplaire imprimé sur **grand papier vélin**, contenant le portrait de Bernardin de Saint-Pierre par *Lafitte,* en deux états : avant et avec la lettre ; les 6 figures de *Lafitte, Girodet, Prudhon, Gérard. Moreau le Jeune* et *Isabey* en **trois états** : avant et avec la lettre, en noir, et avec la lettre **imprimées en couleurs** avec parties coloriées. Cette dernière suite présente la particularité de ne pas porter la mention habituelle « Imprimé chez Langlois ».
> Bel exemplaire dans une jolie reliure de l'époque, portant à l'intérieur du volume l'étiquette de Boullanger.

299. TASSO (Torquato). Aminta favola boschereccia. *Parigi, Renouard*, 1800, in-12, mar. rouge à longs grains, fil. à froid, dent. int., tr. dor, (*Rel. anc.*).

Fleuron sur le titre (portrait) par *Roger* et jolie figure de *Prudhon* gravée par *Roger*.

III. — ROMANTIQUES
ET RELIURES DE L'ÉPOQUE ROMANTIQUE

300. ALPHONSE (Pierre). Discipline de Clergie; traduction de l'ouvrage de Pierre Alphonse. — Le Chastoiement d'un père à son fils, traduction en vers français de l'ouvrage de Pierre Alphonse. *Paris, de l'Imprimerie de Rignoux*, 1824, 2 vol. in-12, papier vergé, mar. rouge à longs grains, encad. de fil. dor., motifs à froid et milieux dor., dos ornés, bord. int. dor., doubl. et gardes de moire bleue, tr. dor, (*Rel. de l'époque*).

Traduction française de la « Disciplina clericalis » de Pierre Alphonse ; cette édition qui est accompagnée du texte latin fut exécutée pour la Société des Bibliophiles françois.
Jolies et bonnes reliures romantiques.

301. ARVERS (Félix). Mes Heures perdues. *Paris, Fournier jeune*, 1833, in-8, dos et coins mar. bleu clair à longs grains, fil., dos orné, non rogné, couverture (*Cuzin*).

Édition originale, rare.
Le titre, orné d'une vignette, et le faux titre sont imprimés sur papier de Chine comme toujours.

302. AULU-GELLE. Les Nuits attiques d'Aulu-Gelle, traduites en français avec le texte en regard, et accompagnées de remarques par Victor Verger. *Paris, Fournier*, 1820, 3 vol. in-8, veau bleu, encadr. à froid, fil. noirs, losanges, dos ornés, bord. int., tr. dor. (*Thouvenin*).

303. BARBIER (Auguste). Satires et Poèmes. *Paris, Félix Bonnaire,* 1837, in-8, demi-rel. basane noire, tr. jasp. (*Rel. de l'époque*).

ÉDITION ORIGINALE.

304. BARBIER (Auguste). Nouvelles Satires. *Paris, Masgana,* 1840, in-8, broché.

ÉDITION ORIGINALE.

305. BARTHÉLÉMY (Abbé). Voyage du jeune Anacharsis en Grèce ; par l'abbé Barthélémy ; nouvelle édition. *Paris, Ledoux,* 1822, 8 vol. in-8 (dont un atlas), demi-rel. de cuir de Russie, dos ornés et mosaïqués, non rognés (*Thouvenin*).

Portrait et 6 figures d'après *Colin.*
Exemplaire imprimé sur **grand papier vélin** contenant une **double suite** des illustrations : eau-forte sur blanc et épreuves avec la lettre grise sur papier de Chine.

306. BÉRANGER (P.-J. de). OEuvres complètes. Édition illustrée par Grandville et Raffet. *Paris, H. Fournier aîné, Perrotin,* 1837, 3 vol. in-8, veau gris, fil. dor., grand rectangle à froid couvrant les plats, dos orné d'une plaque de fers dor., dent. int., tr. dor.

Portrait, 120 figures et fac-simile.
PREMIER TIRAGE des illustrations ; le titre seul a été changé, il porte la date de 1837 (au lieu de 1836) et le nom de Raffet joint à celui de Grandville.
Belle et fraîche reliure de l'époque.
Quelques rousseurs.

307. BIBLIOTHECA CLASSICA LATINA (De la). *Paris, Lemaire,* 1822-1824, 6 vol. in-8, veau brun, dent. et milieu à froid, dos ornés, tr. marbr. (*Vogel*).

Valerius Flaccus, 2 vol. — Plinii Epistolæ, 2 vol. — Caïus Suetonius, 2 vol.
Reliures fraîches.

3o8. BOSSUET. Oraisons funèbres de Bossuet, évêque de
Meaux. *Paris, de l'Imprimerie de P. Didot l'aîné*, 1814,
in-8, mar. bleu à longs grains, encadr. à la grecque et
fil. dor., motifs d'angles et milieux à froid, dos orné,
bord. int., tr. dor. (*Thouvenin*).

> Exemplaire imprimé sur **papier vélin fin**.
> Jolie et très fraîche reliure.

3o9. BOSSUET. Discours sur l'Histoire universelle, édition augmentée de nouvelles additions et de variantes de
texte. *Paris, Lefèvre*, 1823, 2 vol. in-8, encadr. de fil. et
de 2 dent. dor. et à froid, dos ornés, dent. int., tr. dor.
(*Simier, rel. du Roi*).

> De la « Collection des classiques françois ».
> Bel exemplaire imprimé sur **papier vélin** et relié aux armes
> de la duchesse de Berry.

3io. BOTTA (Carlo). Storia della guerra dell' indepen-
denza degli Stati Uniti d'America, scritta da Carlo Botta.
Parigi, 1809, 4 vol. in-8, veau brun, dent. et milieu à
froid, dos ornés, bord. int., tr. marbr. (*Vogel*).

> Reliure fraîche.

3ii. BOTTA (Carlo). Storia d'Italia, continuata da quella
del Guicciardini, sino al 1789. *Parigi, Baudry*, 1832,
10 vol. in-8, port., veau fauve, fil., dos ornés, fil. à
l'int., tr. marbr.

> Excellente reliure de Bauzonnet.
> *Envoi autographe* de l'auteur sur le titre du premier volume.

3i2. BOUFFLERS (Chevalier de). Œuvres complètes.
Nouvelle édition augmentée d'un grand nombre de pièces
non recueillies. *Paris, Furne*, 1827, 2 vol. in-8, cuir de
Russie, quadruple encadr. de fil. dor. et de 2 dent. à
froid, dos ornés, 3 fil. à l'int., tr. dor. (*Purgold*).

> Exemplaire imprimé sur **papier vélin** contenant le portrait
> et la figure par *Desenne* en double état : avant la lettre et eau-
> forte pure.
> Elégante reliure, fraîche.

313. BRIZEUX (A.). Les Bretons, poème. *Paris, Masgana,* 1845, in-8, demi-rel. veau bleu, tr. jasp. (*Rel. de l'époque*).

Edition originale.

314. BRUGNOT (Charles). Poésies. *Dijon, Imp. de M*me *Veuve Brugnot,* 1833, in-8, portrait tiré sur Chine, broché.

Edition originale.
Dos brisé.

315. CAREL. La France ancienne et moderne. par A.... Carel, major de la Légion de l'Yonne, chevalier des ordres royaux de Saint-Louis et de la Légion d'honneur. *Paris,* 1820, 2 vol. in-8, mar. vert à longs grains, encadr. de fil. avec dent., dos ornés, bord. int., tr. dor. (*Simier, rel. du Roi*).

Exemplaire imprimé sur **papier vélin** et relié aux armes du comte d'Aurois, frère de Louis XVIII.

316. CASTI (Giambatista). Opere complete di Giambatista Casti in un volume. *Parigi, Baudry,* 1838, gr. in-8 à 2 col., portr., veau bleu, encadr. de 1 fil. à froid et de 7 fil. dor. avec motifs d'angles dor., dos orné, dent. int., tr. dor. (*Koehler*).

317. CHÉNIER (André). OEuvres complètes. *Paris, Baudouin frères, Foulon et C*ie, 1819, in-8, veau bleu indigo, encadr. de fil., pointillé et dent. faite d'une guirlande de roses, dos orné ; fil. et point. à l'int., tr. dor. (*Lanoë*).

Edition originale.

318. CONSTANT (Benjamin). Adolphe. Notice par A. France. *Paris, Lemerre,* 1889, pet. in-12, dos et coins

mar. vert, dos orné, têt. dor., non rogné, couverture.
(*Kieffer*).

Un des 15 exemplaires imprimés sur **papier de Chine** contenant le portrait en bistre et en noir.

319. **D'AGUESSEAU** (H.-Fr.). Discours sur la vie et la mort, le caractère et les mœurs de M. d'Aguesseau, chancelier de France. *Au Chasteau de Fresnes*, 1720 (*Paris*, 1778); in-8, pap. de Holl., mar. bleu foncé à longs grains, compart. de dent. à froid, rehaussés de petits fers dorés, compartiments ornés de petits fers et d'un semis de points dorés, dos orné, doubl. et gardes de tabis rose, tr. dor. (*Courteval*).

Edition très rare, tirée à 60 exemplaires seulement.

Elle a été imprimée à Paris, chez Delatour, avec les formes que le président Saron et son épouse s'étaient amusés à composer, à l'aide de la petite imprimerie qu'ils avaient dans leur hôtel.

On a ajouté à l'exemplaire. *une importante lettre autographe* signée (1 page) du chancelier d'Aguesseau, datée du 6 janvier 1732, et son portrait gravé par *Boilly* en 1823.

Exemplaire de la vente Pixerécourt dans une très curieuse et jolie reliure de COURTEVAL, très fraîche, avec son étiquette; il a fait partie, en dernier lieu, de la bibliothèque Willems.

320. DELILLE (J.). Œuvres complètes. Nouvelle édition. *Paris, Michaud*, 1824, 16 vol. in-8, demi-rel. mar. violet à longs grains, dos ornés de fil. et compart. de pet. fers dor., tr. marb. (*Bibolet*).

Portrait gravé d'après *Danloux*, et 15 figures de *Moreau, Girodet, Gérard, Desenne, Monsiau, Vafflart*, etc., et fac-simile.

BEL EXEMPLAIRE imprimé sur **grand raisin vélin des Vosges.**

321. **DESBORDES-VALMORE** (Mme). Élégies et Poésies nouvelles de Mme Desbordes-Valmore. *Paris, Ladvocat*, 1825, pet. in-12, mar. brun, fil. dor., dent. fleurdelisée à froid, dos orné, tr. dor. (*Simier*).

EDITION ORIGINALE.

JOLI EXEMPLAIRE de la duchesse de BERRY avec ses armes sur

les plats de la reliure et l'ex-libris de la bibliothèque de Rosny
à l'intérieur du volume.
De la bibliothèque J. Le Petit.

322. DESBORDES-VALMORE (Mme). Album du jeune
âge. A mes jeunes amis, Mme Desbordes-Valmore. *Paris,
Boulland, 1830,* in-12, cuir de Russie grenat, 4 fil. dor.,
pet. dent. et milieux à froid, dos orné, bord. int., tr. dor.
(*Rel. de l'époque*).

Frontispice, dédicace gravée et vignettes dans le texte.

323. DESBORDES-VALMORE (Mme). Violette. *Paris,
Dumont, 1839,* 2 tomes en 1 vol. in-8, demi-rel. veau
gris, dos orné, tr. jasp, (*Rel. de l'époque*).

Édition originale.

324. DESBORDES-VALMORE (Mme). Bouquet et Prières,
par Madame Desbordes-Valmore. *Paris, Dumont, 1843,*
in-8, dos de mar. violet, tête dor., non rogné, couverture (*Petitot*).

Édition originale, rare.
Sur le faux titre l'envoi suivant :
*A Mademoiselle Mars
une adoration de ma vie entière*
Marcelline Valmore
10bre 42

325. DESBORDES-VALMORE (Mme). Poésies inédites,
publiées par M. Gustave Revilliod. *Genève, Imp. de Jules
Fick, 1860,* in-8, broché.

Édition originale, avec la couverture de Dentu, libraire
dépositaire de l'ouvrage à Paris ; elle est également datée de
1860.

326. FÉNELON. Directions pour la Conscience d'un Roi
ou examen de conscience sur les devoirs de la royauté
par Fénelon ; trois lettres du même à Louis XIV, à
Madame de Maintenon et à M. de Louville. *Paris, chez*

A.-A. Renouard, 1825, in-12, portraits et fac-simile, mar.
rouge à longs grains, encadr. d'un fil. dor. et d'une dent.
à froid, dos orné, bord. int., tr. dor. (*Rel, de l'époque*).

La plus jolie édition de cet ouvrage imprimée séparément.
Elle reproduit le manuscrit original, présente de bonnes cor-
rections et une addition importante.
Exemplaire imprimé sur **papier vergé fin.**

327. FLORUS (Annæus). Abrégé de l'Histoire romaine de
L. Annæus Florus, traduit par F. Ragon, avec une notice
par M. Villemain. *Paris, Panckoucke,* 1826, in-8, veau
bleu, fil. dor. et dent. à froid, dos orné, bord. int. dor.,
tr. dor. (*Rel. de l'époque*).

De la Bibliothèque latine-française publiée par Panckoucke.

328. GALLAND. Les Mille et une Nuits, contes arabes,
traduits en français par Galland. Nouvelle édition, par
M. Destains ; précédée d'une notice historique sur Galland par M. Charles Nodier. *Paris, Galliot,* 1822-1825,
6 vol. in-8, veau noir, fil. dor., grande rosace à froid,
5 fil. int., tr. dor. (*Rel. romantique*).

. Exemplaire imprimé sur papier **vélin,** contenant la suite des
6 figures de *Westall* tirées sur Chine et en épreuves AVANT la
lettre.
Rousseurs.

329. GAUTIER (Théophile). Les Grotesques. *Paris,*
Desessart, 1844, 2 vol. in-8, dos et coins mar. La Vall.
foncé, dos ornés, têt. dor., non rognés, couvertures
(*Kieffer*).

EDITION ORIGINALE.

330. GAUTIER (Théophile). Poésies complètes. *Paris,*
Charpentier, 1845, in-12, dos et coins et mar. vert foncé,
dos orné, têt. dor., ébarbé, couverture (*Kieffer*).

PREMIÈRE ÉDITION COLLECTIVE.

331. GAUTIER (Théophile). Caprices et Zigzags. *Paris, Victor Lecou*, 1852, in-12, dos et coins mar. bleu, dos orné, têt. dor., non rogné, couverture (*Kieffer*).

EDITION EN PARTIE ORIGINALE et la première de format in-12.

332. GAUTIER (Théophile). Emaux et Camées. *Paris, Didier*, 1852, in-16, mar. violet foncé, jans., doublé de mar. rose divisé en compart. dont ceux du milieu ornés de figures de camées et ceux du tour d'émaux mosaïqués et sertis de fil. dor., têt. dor., non rogné, couverture (*Kieffer*).

EDITION ORIGINALE.

333. GAUTIER (Théophile). Italia. *Paris, Victor Lecou*, 1852, in-12, dos et coins mar. gris foncé, dos orné, têt. dor., non rogné, couverture (*Kieffer*).

EDITION ORIGINALE.

334. GAUTIER (Théophile). L'Art moderne. *Paris, Michel Lévy frères*, 1856, in-12, dos et coins mar. violet foncé, têt. dor., non rogné, couverture (*Kieffer*).

EDITION ORIGINALE.

335. GAUTIER (Théophile). Tableaux à la plume. *Paris, Charpentier*, 1880, in-12, dos et coins mar. bleu, dos orné, têt. dor., non rogné, couverture (*Kieffer*).

EDITION ORIGINALE.
Un des 50 exemplaires imprimés sur **papier de Hollande.**

336. GAUTIER (Théophile). Le Tombeau de Théophile Gautier. *Paris, Lemerre*, 1873, pet. in-4, port., cartonn. dos et coins mar. noir, non rogné (*Couvert.*).

Un des **20** exemplaires imprimés sur **papier de Chine** contenant le portrait en deux états dont un AVANT la lettre.

337. GENLIS (Madame de). Mademoiselle de Clermont,

nouvelle historique par Madame de Genlis. *Paris, chez Maradan*, 1813, pet. in-18, pap. vélin, mar. La Vall. à longs grains, encadr. d'un fil. dor. et d'une dent. à froid compart. d'un fil. dor. avec motifs d'angles, dos orné, bord. int., tr. dor. (*Bibolet*).

> Portrait de Mlle de Clermont et 4 figures d'après *Desenne*, en épreuves AVANT la lettre.
> JOLI EXEMPLAIRE de J.-J. de Bure.

338. GILBERT. OEuvres complètes, publiées pour la première fois avec les corrections de l'auteur et les variantes, accompagnées de notes littéraires et historiques (par M. Mastrella). *Paris, Dalibon*, 1823, gr. in-8, mar. rouge à longs grains, encadr. de dent. à froid et de 6 fil. dor., plaque de milieu dor., dos orné, dent. int., tr. dor. (*Thouvenin*).

> 1 portrait et 4 figures par *Desenne*.
> Exemplaire imprimé sur **grand papier vélin** contenant les illustrations en épreuves AVANT la lettre.
> Belle reliure de THOUVENIN très fraîche.

339. GRÉCOURT. OEuvres complètes, enrichies de gravures. Nouvelle édition corrigée et augmentée d'un grand nombre de pièces qui n'avaient jamais été imprimées. *Paris, Imprimerie de Chaignieau*, 1796, 4 vol. in-8, veau vert, losange à froid au centre, encadr. de fil. et de dent. à froid et dor., dos ornés à froid et dor., dent. int., tr. marb. (*Duplanil*).

> Portrait par *Dupréel* et 8 figures par *Fragonard fils*, gravées par *Dambrun, Giraud le jeune, Pauquet*, etc.
> Exemplaire imprimé sur **papier vélin** contenant les illustrations en épreuves AVANT la lettre.

340. GROSIER (Abbé). De la Chine, ou description générale de cet empire, rédigée d'après les mémoires de la mission de Pe-Kin. *Paris, Pillet*, 1818-1820, 7 vol. in-8, cartes, mar. vert à longs grains, encadr. de fil. et

de guirlandes de fleurs dor., dos ornés, tr. dor. (*Simier*).

BEL EXEMPLAIRE imprimé sur **papier vélin fin** et relié aux armes de MADAME ROYALE, duchesse d'ANGOULÊME.

341. HÉRODOTE. Histoire, traduite du grec (par P.-H. Larcher), avec des remarques historiques et critiques. Nouvelle édition. *A Paris, Guill. De Bure, Th. Barrois,* 1802, 9 vol. gr. in-8, veau gris, compart. de fil. dor., fleurons aux angles, milieux ornés à froid d'une rosace et de faisceaux de rayons formant une plaque en losange, pet. dent., dos plats ornés de plaques et rangs de fil. dor., dent. int., tr. dor.

Deuxième édition de cette traduction estimée augmentée de la Vie d'Homère, du Traité de la malignité d'Hérodote, d'extraits de l'Histoire de Perse et de l'Inde de Ctésias, et de nombreuses notes.
BEL EXEMPLAIRE imprimé sur **papier vélin** de format grand in-8. Excellente reliure romantique.

342. HUGO (Victor). Odes et Ballades, cinquième édition. *Paris, Hector Bossange,* 1828, 2 tomes en 1 vol. in-8, frontisp. de L. Boulanger tiré sur Chine à chaque vol., veau grenat, dent. d'une guirlande de roses, losange à froid au centre, dos plat orné à froid et points dor., tr. dor. (*Rel. de l'époque*).

Exemplaire de la quatrième édition EN PARTIE ORIGINALE, remise en vente avec un titre nouveau ; ce dernier offre la particularité d'être toujours daté de 1828, tandis que le premier titre est à la date de 1829.

343. HUGO (Victor). Les Orientales. *Paris, Ch. Gosselin, H. Bossange,* 1829, in-8, frontisp. de L. Boulanger tiré sur Chine, veau vert, les plats ornés d'une plaque dorée « à la cathédrale », encadr. de fil., motifs d'angle, dos orné de fers et points dor., dent. int., tr. dor. (*Devers, à Lyon*).

EDITION ORIGINALE.
Curieuse reliure de l'époque.

344. **HUGO** (Victor). Les Chants du crépuscule. *Paris, Eugène Renduel,* 1835, in-8, veau fauve, dent. à froid et fil. dor., dos orné, dent. int., tr. marb. (*Rel. de l'époque*).

> Édition originale.
> Exemplaire provenant de la bibliothèque de Jules Lemaître, dans une agréable reliure de l'époque.

345. **HUGO** (Victor). Les Voix intérieures. *Paris, Eugène Renduel,* 1837, in-8, veau bleu, encadr. de fil. dor. et dent. à froid, milieux ornés d'une plaque à froid en losange, dos orné, dent. int., tr. dor.

> Édition originale.
> Bel exemplaire dans une jolie et fine reliure de l'époque, d'une grande fraîcheur. — De la bibliothèque de Jules Lemaître.

346. HUGO (Victor). Le Retour de l'Empereur. *Paris, Delloye,* 1840, in-8 de 30 pages, broché.

> Édition originale.

347. LA FAYETTE (Mme de). Zayde, histoire espagnole par Madame de La Fayette. *Paris, de l'Imprimerie de P. Didot l'aîné,* 1814, 2 vol. in-18, papier vélin, mar. violet à longs grains, compart. de fil. dor. et dent. à froid, dos ornés, bord. int., tr. dor. (*Thouvenin*).

> De la « Collection des meilleurs ouvrages de la langue françoise dédiée à Son Altesse Royale Madame, duchesse d'Angoulême ».
> Reliure fraîche.

348. LA FAYETTE (Mme de). La Princesse de Clèves. *Paris, Ménard et Desenne fils,* 1818, in-12, cuir de Russie. compart. de fil. droits et courbes tracés en noir sur fonds granités, le milieu sablé d'or, dos orné, bord. int., tr. dor.

> 4 figures de *Desenne.*
> Joli exemplaire imprimé sur **papier vélin** et contenant les figures en épreuves AVANT la lettre.
> Curieuse reliure de l'époque très bien conservée.

349. LA HARPE. Lycée. ou cours de littérature. *Paris,
Verdière (impr. de F. Didot,* 1821), 16 vol. in-8, veau
vert marbr., pet. dent. dor., tr. marbr. (*Rel. anc.*).

BEL EXEMPLAIRE.

350. **LAMARTINE**. Harmonies poétiques et religieuses.
Paris, Charles Gosselin, 1830, 2 vol. in-8, vign. d'A. et
T. Johannot sur les titres, veau bleu, compart. de fil.
dor. et pet. dent. à froid, dos ornés de plaques et fil. dor.,
dent. int., tr. marb. (*Duplanil*).

EDITION ORIGINALE.
Fine et élégante reliure de l'époque.

351. LAMARTINE. La Chute d'un ange, épisode. *Paris,
Ch. Gosselin et W. Coquebert,* 1838, 2 vol. in-8, veau
bleu, 5 fil. dor., plaque à froid couvrant les plats, dos
ornés, dent. int., tr. dor. (*Rel. de l'époque*).

EDITION ORIGINALE.

352. LAMENNAIS (F. de). Paroles d'un croyant, 1833.
Deuxième édition. *Paris, Eugène Renduel,* 1834, in-8, veau
noir, dent. et milieu à froid, dos orné (*Rel. de l'époque*).

Dans le même volume :
Affaires de Rome, par M. F. de La Mennais. *Paris, Cailleux
et Cie,* 1836-1837. — Le Livre du Peuple, par F. Lamennais.
Paris, Delloye, 1838.
Le *Livre du Peuple* est en ÉDITION ORIGINALE.

353. LA ROCHEJAQUELEIN (Marquise de). Mémoires de
Mme la marquise de La Rochejaquelein, écrits par elle-
même. Cinquième édition, revue corrigée et augmentée
de différentes pièces, avec deux cartes et un portrait.
Paris, Impr. royale, 1822, in-8, mar. fauve à longs
grains, compart. de fil. dor. et de dent. à froid, motifs
d'angles dor., milieux à froid, dos orné, dent. int.,
doubl. et gardes de papier marbré, tr. dor. (*Duplanil*).

Jolie reliure de l'époque.

354. LE GLAY. Negociations diplomatiques entre la France et l'Autriche, durant les trente premières années du xvi° siècle, publiées par M. Le Glay. *Paris, Imprimerie royale,* 1845, 2 vol. in-4, mar. rouge à longs grains, compart. de fil. droits et au pointillé, dent., dos ornés, bord. int., doubl. et gardes de moire bleue, tr. dor. (*Rel. anc.*).

BEL EXEMPLAIRE imprimé sur papier vélin et dans une très fraîche reliure au chiffre couronné de LOUIS-PHILIPPE.-

355. LEGOUVÉ (G.). Le Mérite des Femmes, nouvelle édition augmentée de Poésies inédites, par Legouvé. *Paris, Janet,* 1824, in-8, mar. rouge à longs grains, encadr. de fil. dor. et dent. à froid et compart. à froid, milieux en rosaces dorées, dos orné, bord. int., tr. dor. (*Rel. de l'époque*).

Frontispice gravé et figures de *Desenne.*

356. MANUEL DE DROIT FRANÇAIS, cinquième édition entièrement refondue et très augmentée par J.-B. Pailliet. *Paris, Desoer,* 1820, fort vol. in-8, mar. rouge, compart. de fil. et dent., motifs d'angles, dos orné, doubl. de veau grenat, compart. de fil. et fleurons à froid et de fil. noirs, tr. dor. (*Rel. de l'époque*).

Sur les plats et sur la doublure de la reliure grand J.

357. MILLEVOYE. OEuvres complètes, dédiées au Roi, et ornées d'un beau portrait. *Paris, Ladvocat,* 1822, 4 vol. in-8, port. par Deveria gravé par West, veau fauve clair, grand losange à froid au centre, encadr. de dent. de fers à froid et d'un fil. noir avec point dor. aux angles, dos ornés de fers dor., dent. int., tr. marb. (*Rel. de l'époque*).

PREMIÈRE ÉDITION COLLECTIVE des œuvres de Millevoye; le tome IV est composé d'œuvres inédites.

358. MONTPENSIER (Duc de). Mémoires du Duc de

Montpensier (Antoine-Philippe d'Orléans), prince du sang. *Paris, Imprimerie royale*, 1837, pet. in-4, pap. vél., portr., mar. rouge à longs grains, compart. de fil. droits et courbes remplis de motifs dor., dos plat orné, dent. int., doubl. et gardes de moire bleu ciel, tr. dor. (*Rel. de l'époque*).

Exemplaire relié au chiffre couronné du roi Louis-Philippe.

359. MOORE (Thomas). The poetical works of Thomas Moore, including his Melodies, Ballads, etc., complete in one volume, *Paris, published by Galignani*, 1827, in-8 à 2 col., portr., veau violet, encadr. de 8 fil., motifs et grand milieu dor., dos orné, dent. int., tr. dor. (*Simier*).

Jolie reliure de Simier.

360. MUSSET (Alfred de). Un Spectacle dans un fauteuil. *Paris, Eugène Renduel*, 1833, in-8, mar. rouge, fil., dos orné, dent. int., tr. dor. sur témoins, couverture (*Chambolle-Duru*).

Edition originale dédiée à Alfred Tattet, ami intime d'Alfred de Musset auquel ce dernier a dédié de nombreuses poésies.

Exemplaire ayant appartenu au marquis de La Garde dont le chiffre couronné est frappé aux angles de la reliure sur chaque plat ; à l'intérieur, ex-libris de Jules Lemaître.

Sur le titre :

A mon cher Alfred (Tattet).

Alf. M¹.

361. MUSSET (Alfred de). Il faut qu'une porte soit ouverte ou fermée, proverbe. *Paris, Charpentier*, 1848, in-12, mar. bleu foncé à longs grains, encadr. de fil., rinceaux, pointillé et motifs dor., dos ornés à l'int., cadre de mar., point. et rosaces dor., doublé et gardes de soie grise, doubles gardes, têt. dor., non rogné, couverture, étui (*Kieffer*).

Edition originale.

Exemplaire du souffleur Beuzeville contenant sur le feuillet de garde l'indication de la mise en scène de cette pièce, en *neuf lignes autographes* de Musset.

362. NERVAL (Gérard de). Lorely, souvenirs d'Allemagne. *Paris, Giraud et Dagneau*, 1852, in-12, demi-rel., dos de bas. marbrée, têt. dor., ébarbé, couverture (*Thierry*).

ÉDITION EN PARTIE ORIGINALE.

363. NERVAL (Gérard de). La Bohème galante. *Paris, Michel Lévy frères*, 1855, in-12, broché.

ÉDITION ORIGINALE ; la couverture est datée de 1856.

364. NERVAL (Gérard de). Correspondance (1830-1855), avec une introduction et des notes par Jules Marsan. *Paris, Mercure de France*, 1911, in-12, broché.

ÉDITION EN GRANDE PARTIE ORIGINALE.
Exemplaire imprimé sur **papier de Hollande**.

365. NOËL ET DE LA PLACE. Leçons françaises de littérature et de morale. *Paris, Le Normant*, 1829, 2 vol. in-8, veau fauve, dent. et mil. à froid, dos ornés, tr. marbr.

Reliure romantique fraîche.

366. NOTA (Alberto). Comedie di Alberto Nota, con un saggio storico-critico della commedia italiana del prof. F. Salfi. *Parigi, Baudry*, 1829, 5 vol. in-12, portr., mar. rouge à longs grains, compart. de fil., motifs d'angles dor., dos ornés, bord. int., tr. dor. (*Rel. de l'époque*).

BEL EXEMPLAIRE aux armes de la Duchesse de BERRY, avec l'ex-libris de la bibliothèque de Rosny à l'intérieur du premier volume.
Dans le bas des dos des reliures le nom *La Motte* (le relieur ?)

367. PEIGNOT (Gabriel). Amusemens philologiques ou

variétés en tous genres. Seconde édition, revue, corrigée
et augmentée par G. P. (Peignot) Philomneste. *Dijon,
Lagier (Paris, impr. Renouard)*, 1824, in-8, mar. rouge,
fil., chiffre, dos orné, dent. int., tr. dor. (*Rel. de
l'époque*).

> Exemplaire de la bibliothèque de San-Donato, portant sur les
> plats de la reliure le chiffre de Paul Demidoff.

368. PERSE (A.). Satires de Perse traduites en français par
Sélis. Nouvelle édition revue et augmentée de notes et
observations par N. L. Achaintre. *Paris, Dalibon*, 1822,
gr. in-8, mar. brun, dent. dor., milieux et angles à froid,
dos orné, bord. int., tr. dor. (*Thouvenin*).

> Exemplaire imprimé sur **papier vélin**.

369. PLANCHE (Gustave). Salon de 1831, par Mr Gustave
Planche. *Paris, Imprimerie et fonderie Pinard,* 1831,
in-8, veau fauve, compart. de 6 fil. pleins et au pointillé,
grands motifs d'angles, grands milieux dorés, dos orné de
fil. dor. et de motifs à froid; à l'int., 4 fil. dont 1 au
pointillé, fleurons d'angles, doubl. et gardes de moire
marron, tr. dor. (*Meslant*).

> 6 vignettes hors texte [sur 10 d'après Vicaire] gravées sur
> bois d'après *Alfred Johannot, Eugène Delacroix, Bary, Isabey,
> Devéria.*
> ÉDITION ORIGINALE.
> Exemplaire imprimé sur **papier vélin** et dans une élégante
> reliure de l'époque. Il porte sur une page de garde *un envoi
> autographe* de l'auteur à George Sand.

370. PLATON. Œuvres, traduites par Victor Cousin.
Paris, Bossange frères, Pichon et Didier, Rey, 1822-1833,
13 vol. in-8, veau bleu, encadr. de 2 fil. dor. et d'une
pet. dent. à froid, dos ornés, 3 fil. à l'int., tr. marbr.

> Exemplaire de Jules Lemaître dans une bonne reliure de
> l'époque.

371. POPE. Traduction de l'Essai sur l'homme de Pope,
en vers français, précédée d'un discours et suivi de notes
avec le texte anglais en regard de M. de Fontanes. *Paris,
Le Normant*, 1821, in-8, mar. rouge à longs grains, compart. de fil. avec motifs dor., dent. et fleur. à froid, mil.
dor., dos orné, dent. int., doubl. et gardes de moire
vert-mousse, tr. dor. (*Duplanil*).

> Jolie reliure romantique dans un très bon état de conser-
> vation.
> Exemplaire imprimé sur papier vélin d'une édition très bien
> imprimée.
> De la bibliothèque H. Beraldi.

372. PROPERCE. Elégies, traduites dans toute leur intégrité, avec des notes... Nouvelle édition revue... et considérablement augmentée par M. Delongchamps. *A Paris,
chez Duprat*, 1802, 2 vol. in-8, veau vert clair, encadr. de
dent. de pet. fers à froid, points dor. aux angles, dos
ornés à fr. et dor., tr. marb. (*Simier fils*).

> 5 figures de *Marillier*, gravées par *Dambrun, Delvau, Ponce*, etc.
> Exemplaire imprimé sur **papier vélin** contenant les figures en
> épreuves AVANT la lettre.
> On y a ajouté un dessin de graveur, à la plume, d'une des
> figures.
> Le dos des reliures est passé de couleur.

373. RABELAIS. OEuvres. Edition variorum augmentée
de pièces inédites, des Songes drolatiques de Pantagruel,
des remarques de Le Duchat, de Bernier, de Voltaire, de
Guinguené, etc., et d'un nouveau commentaire par
Esmangart et E. Johanneau. *Paris, Dalibon*, 1823, 9 vol.
in-8, dos et coins veau bleu, dos ornés à froid et dor.,
non rognés (*Rel. de l'époque*).

> Edition ornée de 2 portraits différents de Rabelais et de
> 10 vignettes gravées sur acier d'après *Devéria* ; nombreuses
> figures sur bois pour les *Songes drolatiques*.

374. SAINTE-BEUVE. Critiques et portraits littéraires.

Paris, Eugène Renduel, 1832, in-8, demi-rel. veau fauve,
tr. marbr. (*Rel. de l'époque*).

Édition originale de ce premier volume, qui fut réimprimé
en 1836, avec de nombreux changements.
Exemplaire portant sur le faux titre :

A mon excellent ami
Alfred de Vigny
Ste Beuve.

Une note de Jules Lacroix indique qu'il avait acheté cet
exemplaire comme souvenir après la mort d'Alfred de Vigny.

375. SAINTE-CROIX. Examen critique des anciens histo-
riens d'Alexandre-le-Grand, par M. Sainte-Croix, membre
de l'Institut. Seconde édition considérablement augmentée et ornée de 8 planches gravées en taille-douce. *Paris,
Grand,* 1810, pet. in-4, fig. et cartes, mar. bleu à longs
grains, encadr. de fleurs de lis dor. et d'écailles à froid,
fil. et motifs d'angles, dos orné et fleurdelisé, bord. int.,
tr. dor. (*Simier*).

Bel exemplaire relié aux armes de la duchesse de Berry.

376. SAND (George). Mauprat. *Paris, Bonnaire,* 1837,
2 vol. in-8, portrait par Calamatta, dos et coins de mar.
bleu, fil., dos plats ornés, têt. dor., ébarbés (*Durvand*).

Édition originale.

377. SAND (George). François le Champi. *Paris, Victor
Lecou,* 1851, in-12, veau bleu, fil., dos orné, dent. int.,
tr. dor. (*Trautz-Bauzonnet*).

Première édition in-12.
Portrait de l'auteur ajouté, gravé sur acier par *Calamatta,*
ainsi qu'*une lettre autographe* de George Sand adressée à
M. Félix Tourangin à Bourges (22 août 1836) lui donnant des
nouvelles de ses enfants et lui demandant amicalement de
vouloir bien lui retenir des places dans la diligence de Nevers,
qu'elle devait prendre pour se rendre en Suisse.
De la bibliothèque Paul Gavault.

378. SOUTHEY (Robert). The Poetical Works, complete

in one volume. *Paris, Galignani,* 1829, fort vol. gr. in-8,
mar. violet, les plats ornés d'un fil. gras dor. et d'un large
cadre de 6 fil. courbes dor. renfermant entre leur double
rang des rinceaux et points dor., dos plat orné de fil. et
point. ; encadr. de fil. et motifs d'angles à l'int., doublé
et gardes de surah violet, tr. dor.

> Edition compacte imprimée sur papier vélin, ornée d'un portrait d'après *Laurence,* tiré sur Chine.
> Curieuse reliure de l'époque ; le dos est passé de couleur.
> Mouillure dans le bas des feuillets.

379. STENDHAL. Vie de Rossini, par M. de Stendhal ;
ornée des portraits de Rossini et de Mozart. *Paris, chez
Auguste Boulland et Cie,* 1824, 2 vol. in-8, 2 portraits,
veau brun, milieux ornés d'une plaque à froid, encadr.
de dent. à froid et d'un fil. noir avec point dor. aux
angles, dos ornés à froid et dor. ; 4 fil. dor. à l'int., tr.
dor. (*Rel. de l'époque*).

> EDITION ORIGINALE.

380. TOUCHARD-LAFOSSE (G.). Le Pont des Soupirs,
épisode de la Cour du Louvre sous Louis XIII par
G. Touchard-Lafosse, auteurs des Chroniques de l'Œil de
Bœuf, de l'Homme du peuple, etc. *Paris, Gustave Barba,*
1833, 2 vol. in-8, veau bleu, fil., dos ornés, dent. int.,
tr. dor. (*Rel. de l'époque*).

> EDITION ORIGINALE.

381. TRESSAN (Abbé de). La Mythologie comparée avec
l'Histoire, ouvrage destiné à l'éducation de la jeunesse, par
M. l'abbé de Tressan. Nouvelle édition ornée de 16 planches en taille douce, dans le genre antique représentant
75 sujets. *Paris, Dufour,* 1803, 2 tomes en 1 vol. in-8,
front., mar. bleu à longs grains, encadr. de fil. et de dent.
dor. et à froid, dos orné, bord. int., tr. dor. (*Thouvenin*).

> BEL EXEMPLAIRE imprimé sur grand papier vélin fin.
> Bonne et fraîche reliure de THOUVENIN.

382. VALÈRE MAXIME. Faits et Paroles mémorables, traduction nouvelle par C. A. F. Frémion, professeur au Collège royal de Charlemagne. *Paris, Panckoucke*, 1827, 3 vol. in-8, veau fauve, encadr. de dent. et grande plaque à froid sur les plats, filets noirs, dos ornés à froid et dor. dent. int. à froid, tr. dor. (*Vogel*).

> Fraîche reliure romantique.

383. VIGNY (Alfred de). Les Destinées, poëmes philoso phiques. *Paris, Michel Lévy frères*, 1864, in-8, mar. vert foncé, encadr. d'un fil. de mar. vert clair mosaïqué à froid et s'ouvrant en fleurons aux angles, dos mosaïqué ; à l'int., bord. de mar. orné de mar. vert clair et fil. dor., tr. dor. sur témoins, couverture (*Ch. Lanoë*).

> ÉDITION ORIGINALE.
> Bel exemplaire imprimé sur **papier vélin fort** ; il contient le portrait, tiré sur Chine en très belle épreuve.

384. YOUNG (Edward). The Complaint or Night thoughts by Edward Young. *London, Sharpe*, 1817, in-12, veau fauve, dent. dor. et compart. de filets noirs, dos orné, tr. marbr. (*Rel. angl. de l'époque*).

> Édition illustrée d'un frontispice et de figures gravés d'après *Westall*.
> Cachet sur le titre.

LIVRES MODERNES

I. — ÉDITIONS ORIGINALES D'AUTEURS DU XIXe SIÈCLE ET D'AUTEURS CONTEMPORAINS

385. ACKERMANN (Mme L.). Contes. *Paris, Garnier frères*, 1855. — Contes et Poésies. *Paris, Hachette*, 1863. Ens. 2 vol. in-12, brochés.

ÉDITIONS ORIGINALES.

386. ACKERMANN (Mme L.). Poésies. *Paris, Lemerre*, 1874, in-12, broché.

ÉDITION ORIGINALE.
Un des quelques exemplaires imprimés sur **papier de Chine**.

387. AICARD (Jean). Poèmes de Provence. *Paris, Lemerre*, s. d. (1874), in-12, dos et coins mar. citron, dos orné, têt. dor., non rogné, couverture *(Kieffer)*.

ÉDITION ORIGINALE de cet ouvrage couronné par l'Académie française.
Envoi autographe (7 vers) de l'auteur à M. Pétrus Dumas.

388. AJALBERT (Jean). En amour. *Paris, Tresse et Stock*, 1890, in-12, broché.

ÉDITION ORIGINALE.
Un des **10** exemplaires imprimés sur **papier du Japon**.

389. AJALBERT (Jean). Femmes et Paysages. *Paris, Tresse et Stock,* 1891, in-12, broché.

> EDITION ORIGINALE.
> Un des 10 exemplaires imprimés sur **papier du Japon**.

390. ALLAIS (Alphonse). Le Boomerang, ou Rien n'est mal qui finit bien, Illustrations de J. Hémard. *Paris, Ollendorff, s. d.* (1912), in-12, broché.

> EDITION ORIGINALE.
> Un des 5 exemplaires imprimés sur **papier de Chine**.

391. ANGELLIER (Auguste). Dans la lumière antique. Les Episodes (1re et 2e parties). *Paris, Hachette et Cie,* 1908, 2 vol. in-12, brochés.

> EDITION ORIGINALE.
> Un des 25 exemplaires imprimés sur **papier de Hollande**.

392. ANNUNZIO (Gabriele d'). Elegie romane [1887-1891]. *Bologna, Zanichelli,* 1892, pet. in-12, dos et coins de mar. bleu, non rogné (*Dodé*).

> EDITION ORIGINALE.

393. ANNUNZIO (Gabriele d'). Laudi del cielo del mare della terra et degli eroi. *Milano, Fratelli Treves,* 1903, 2 vol. pet. in-4, brochés sous des couvertures en papier fort à recouvr., avec attaches, dont l'une est ornée d'une vignette et l'autre d'une plaque de feuillage, tirées en or.

> EDITION ORIGINALE imprimée en caractères gothiques rouges et noirs, ornée de plusieurs grandes figures et de décorations gravées sur bois par *Gabriel Nuncius* et *Joseph Cellini*.

394. ANNUNZIO (Gabriele d'). Le Martyre de Saint Sébastien, mystère composé en rythme français et joué à

. Paris… avec la musique de Claude Debussy. *Paris, Calmann-Lévy, s. d.* (1911), in-12, broché.

EDITION ORIGINALE.
Un des **50** exemplaires imprimés sur **papier de Hollande**.

395. AUDOUX (Marguerite). Marie-Claire, roman. Préface
d'Octave Mirbeau. *Paris, Fasquelle,* 1910, in-12, réimposé in-8, dos et coins de mar. vert, fil., dos orné et
mosaïqué, tête dor., non rogné, couverture (*Kieffer*).

EDITION ORIGINALE.
Tirage spécial sur **papier vélin** pour la société « les *XX.* »

396. AUGIER (Emile). Théâtre complet. *Paris, Calmann
Lévy,* 1897, 7 vol. in-12, dos et coins mar. bleu, dos
orné de fleurons, têt. dor., non rognés.

Couvertures datées de 1897 à 1899.

397. AURIER (G.-Albert). OEuvres posthumes avec un
autographe de l'auteur et un portrait gravé à l'eau-forte
par A.-M. Lauzet. Notice de Rémy de Gourmont. Lithographies d'Eugène Carrière et Henry de Groux. Dessins
et croquis de G.-Albert Aurier, Vincent Van Gogh, Paul
Sérusier, Emile Bernard, Jeanne Jacquemin, Paul Vogler.
Paris, Mercure de France, 1893, gr. in-8, cartonn. étoffe
brochée, non rogné (*Couvert.*).

EDITION ORGINALE tirée à 259 exemplaires ; celui-ci est un des
10 imprimés sur **papier du Japon** renfermant **trois états** du portrait et des deux lithographies.
On y a ajouté les **manuscrits autographes** de 2 pièces de
vers : « Les Grenouilles dans l'âme » et « Le Subtil empereur »,
d'une étude artistique et littéraire (15 pag. gr. in-8), publiée
dans le *Mercure de France* et recueillie dans le présent volume.
Cliché joint d'une poésie « Les Captives » en fac-simile dans
le volume.

398. BANVILLE (Théodore de). Odelettes. *Paris, Michel*

Lévy frères, 1856, in-12 de 56 pag. et la table, en
feuilles.

ÉDITION ORIGINALE.
Envoi autographe de l'auteur à Charles de La Rounat.
Exemplaire préparé pour la reliure.

399. BANVILLE (Théodore de). Poésies, 1841-1854.
Paris, Poulet-Malassis et De Broise, 1857, in-12, titre
gravé de Duveau, demi-rel. chagr. rouge, tête dor., non
rogné.

PREMIÈRE ÉDITION COLLECTIVE.

400. BANVILLE (Théodore de). Poésies, 1841-1854. *Paris,
Poulet-Malassis et De Broise*, 1857, in-12, frontisp. de
L. Duveau, gravé à l'eau-forte, broché.

PREMIÈRE ÉDITION COLLECTIVE.
Couverture jaune à la date de 1858.

401. BANVILLE (Théodore de). Odes funambulesques avec
un frontispice gravé à l'eau-forte par Bracquemond d'après
un dessin de Charles Voillemot. *Alençon, Poulet-Malassis
et De Broise*, 1857, in-12, demi-rel. mar. rouge, double
fil., dos orné, non rogné. (*Rel. de l'époque*).

ÉDITION ORIGINALE.
Exemplaire imprimé sur papier de Hollande pour Jules Janin ;
le feuillet 41-42 renferme la *Méditation poétique et littéraire* qui a
remplacé la *Chanson de Catinette* dans la plupart des exemplaires.
Portrait de Banville ajouté, ainsi que la lettre d'invitation à
ses obsèques.

402. BANVILLE (Théodore de). Esquisses parisiennes,
scènes de la vie. *Paris, Poulet-Malassis et De Broise*,
1859, in-12, broché.

ÉDITION ORIGINALE.

403. BANVILLE (Théodore de). Les Camées parisiens.
Frontispice avec portraits à l'eau-forte de Ulm. *Paris,
Pincebourde*, 1866-1873, 3 vol. pet. in-12, papier vergé,

dos et coins mar. grenat, têt. dor., non rognés, couvertures (*Canape*).

Édition originale des 3 séries, tirée à petit nombre.

404. BANVILLE (Théodore de). Les Exilés. *Paris, Lemerre,*
1867. in-12, port., broché.

Édition originale.
Un des 50 exemplaires imprimés sur **papier de Hollande.**

405. BANVILLE (Théodore de). Nouvelles Odes funambulesques. *Paris, Lemerre,* 1869, in-12, frontisp. à l'eau-
forte par Léopold Flameng, broché.

Édition originale.
Un des 10 exemplaires imprimés sur **papier de Chine** (indication de ce tirage, au crayon, par l'éditeur).

406. BANVILLE (Théodore de). Idylles prussiennes. *Paris,*
Lemerre, 1871, in-12, broché.

Édition originale.
Quelques rousseurs.

407. BANVILLE (Théodore de). Théophile Gautier, ode.
Paris, Lemerre, 1872, plaquette pet. in-12, brochée.

Édition originale.

408. BANVILLE (Théodore de). Petit traité de poésie
française. *Paris, Bibliothèque de l'Echo de la Sorbonne,*
s. d. (1872), in-12, broché.

Édition originale.
Envoi autographe de l'auteur à Jules Claretie.

409. BANVILLE (Théodore de). Les Princesses. *Paris,*
Lemerre, 1874, in-12, broché.

Édition originale ; frontispice de *Boilvin.*
Exemplaire imprimé sur papier teinté contenant le frontispice
en épreuve avant la lettre.
Envoi autographe de l'auteur à Jules Claretie.

410. BANVILLE (Théodore de). Contes pour les Femmes. Avec un dessin de Georges Rochegrosse. *Paris, Charpentier*, 1881, in-12, dos et coins mar. rouge, fil., dos orné, non rogné (*Couvert.*).

> EDITION ORIGINALE.
> Un des 10 exemplaires imprimés sur **papier de Chine**.

411. BANVILLE (Théodore de). Contes féeriques. Avec un dessin de Georges Rochegrosse. *Paris, Charpentier*, 1882, in-12, vélin blanc à recouvr., têt. rouge, non rogné, couverture (*Guérin*).

> EDITION ORIGINALE.
> Un des 10 exemplaires imprimés sur **papier de Chine**.

412. BANVILLE (Théodore de). Contes héroïques. *Paris, Charpentier et Cie*, 1884, in-12, cartonn. vélin blanc à recouvr., titre callig. en long sur le dos, têt. rouge, non rogné (*Couvert.*).

> EDITION ORIGINALE ; figure d'après *Rochegrosse*.
> Un des 10 exemplaires imprimés sur **papier de Chine**.

413. BANVILLE (Théodore de). Le Baiser, comédie. Musique de Paul Vidal. Dessin de Georges Rochegrosse. *Paris, Charpentier*, 1888, in-12 de 36 pp. cartonn. demi-mar. bleu à long grain, tête rouge, non rogné, couverture (*Franz*).

> EDITION ORIGINALE.
> Exemplaire imprimé sur **papier bleu**, portant sur le faux titre l'*envoi autographe* suivant :
>
> **A Jules Claretie**
> *Bibliophile comme vous*
> *(Les bibliophiles sont fous !)*
> *Je vous offre, cher Claretie,*
> *Cet exemplaire en couleur,*
> *En sa tendre couleur de fleur*
> *A mon âme bleue assortie.*
> **Théodore de Banville.**

On a ajouté *trois lettres autographes* signées de Théodore de Banville adressées à M. Jules Clarétie au sujet de l'entrée du *Baiser* au répertoire de la Comédie-Française.

414. BANVILLE (Théodore de). Sonnailles et clochettes. *Paris, Charpentier et Cie*, 1890, in-12, cartonn. demi-toile rouge, non rogné, couverture (*Pierson-H. Joseph*).

> EDITION ORIGINALE ; frontispice de *Rochegrosse,* tiré sur Chine. *Envoi autographe* de l'auteur à François Coppée.

415. BARBEY D'AUREVILLY (Jules). Le Chevalier Des Touches. *Paris, Michel Lévy frères,* 1864, in-12, broché.

> EDITION ORIGINALE. Exemplaire non coupé, couverture très fraîche.

416. BARBEY D'AUREVILLY (Jules) Les Quarante médaillons de l'Académie. *Paris, Dentu,* 1864, in-12, cartonn. souple, papier glacé crème, non rogné (*Franz*).

> EDITION ORIGINALE. Exemplaire de Paul de Saint-Victor.

417. BARBEY D'AUREVILLY (Jules). Les Diaboliques. *Paris, Dentu,* 1874, in-12, débroché.

> EDITION ORIGINALE. Exemplaire préparé pour la reliure ; couverture sans le dos.

418. BARBEY D'AUREVILLY (Jules). Le Théâtre contemporain. *Paris, Quantin,* 1888-1889, 3 vol. — Théâtre contemporain, 1880-1883. Nouvelle série. *Tresse et Stock,* 1892. Ens. 4 vol. in-12, brochés.

> EDITIONS ORIGINALES.

419. BARBUSSE (Henri). Le Feu. *Paris, Flammarion,* 1917, in-12, broché.

> EDITION ORIGINALE. Exemplaire imprimé sur **papier de Hollande**.

420. BARRÈS (Maurice). Le Jardin de Bérénice. *Paris,
Perrin et Cie*, 1891, in-12, dos et coins de mar. citron,
dos orné, non rogné, couverture (*Curmer*).

ÉDITION ORIGINALE.
Un des 25 exemplaires imprimés sur **papier de Hollande**.

421. BARRÈS (Maurice). Les Bastions de l'Est. Colette
Baudoche, histoire d'une jeune fille de Metz. *Paris, Juven,*
s. d. (1909), in-12, mar. rouge, encad. d'une large bande
de mar. vert avec motifs d'angles mosaïqué, le tout serti
à froid ; croix de Lorraine mosaïquée sur le dos ; à l'int.,
large bande de mar. rouge et vert, 6 fil. d'encadr. à froid,
doubl. et gardes de soie brochée à fleurettes, doubles
gardes, tranches dor. sur témoins, couverture (*Noulhac*).

ÉDITION ORIGINALE.
Exemplaire imprimé pour l'auteur sur **papier de Hollande**,
et portant sur un feuillet de garde l'envoi suivant :

A Jules Lemaître,
*Mon cher ami, je vous envoie la jeune Colette, en lui recommandant
d'être une fille sage et discrète et de ne pas vous raconter son histoire
durant votre convalescence.*

Votre admirateur :
MAURICE BARRÈS.
février 1909.

422. BARRÈS (Maurice). La Colline inspirée. *Paris, Emile-
Paul frères*, 1913, in-12, broché.

ÉDITION ORIGINALE.
Papier de Hollande.

423. BARTHOU (Louis). Lamartine orateur. *Paris, Hachette et Cie*, 1916, in-8. dos et coins mar. rouge clair,
dos orné et mosaïqué, têt. dor., non rogné, couverture
(*Kieffer*).

ÉDITION ORIGINALE ornée de 8 figures et fac-similé.
Un des 25 exemplaires imprimés sur **papier de Hollande**.

424. BATAILLE (Henry). La Chambre blanche. Préface de Marcel Schwob. *Paris, Mercure de France*, 1895, pet. in-8, broché.

Édition originale.

425. BATAILLE (Henry). Ton Sang, précédé de La Lépreuse. *Paris, Mercure de France*, 1898, in-12, broché.

Édition originale, précédée d'une importante préface de l'auteur.

Un des 12 exemplaires imprimés sur **papier de Hollande** offert à Catulle Mendès par *un envoi autographe* de quatre lignes de l'auteur.

Intéressante lettre ajoutée de Henry Bataille à Mendès relative à la représentation de *Ton Sang* au théâtre du Parc à Bruxelles.

L'auteur a illustré l'exemplaire de deux dessins originaux ; l'un à la plume sur le faux titre représentant la Lépreuse ; l'autre est son propre portrait, exécuté au crayon sur le feuillet de garde.

426. BATAILLE (Henry). La Divine Tragédie, poème. *Paris, Fasquelle*, 1916, in-12, broché.

Édition originale.
Un des 15 exemplaires imprimés sur **papier du Japon.**

427. BATAILLE (Henry). Ecrits sur le Théâtre. *Paris, Crès et Cⁱᵉ*, 1917, pet. in-8, broché.

Édition originale.
Un des 35 exemplaires imprimés sur **papier vélin** de Rives mis dans le commerce.

428. **BAUDELAIRE** (Charles). Les Fleurs du mal. *Paris, Poulet-Malassis et De Broise,* 1857, in-12, mar. noir, jans., doublé de mar. violet Parme, filet dor., gardes de moire violette, doubles gardes, tr. dor. sur témoins, couverture, étui (*Noulhac*).

Édition originale.
Bel exemplaire relié sur brochure et possédant la bonne couverture.

429. BAUDELAIRE (Charles). Le Tombeau de Charles
Baudelaire, ouvrage publié avec la collaboration de Sté-
phane Mallarmé, E. Blémont, Fr. Coppée, J. Claretie,
L. Ménard, H. de Régnier, etc., précédé d'une étude sur
Les Fleurs du Mal et suivi d'œuvres posthumes inter-
dites ou inédites de Charles Baudelaire. *Paris, Bibl.
Artistique et littéraire,* 1896, pet. in-4, broché.

> EDITION ORIGINALE ornée d'un frontispice de *Félicien Rops* et
> du portrait de Baudelaire par *Nadar.*
> Tirage à 245 exemplaires, tous souscrits; celui-ci est un des
> **30 imprimés sur papier du Japon** contenant le frontispice en
> noir et en sanguine.

430. BAUDOUIN (Marcel et Pierre). Jeanne d'Arc, drame
en trois pièces, 1897. — Marcel (par Pierre Baudouin),
1898. Ens. 2 vol. in-8, brochés.

> EDITION ORIGINALE de ces ouvrages publiés par l'Edition des
> *Cahiers de la quinzaine.*
> Pierre Baudouin est le pseudonyme de Charles Péguy.

431. BEAUCLAIR (Henry). L'Eternelle chanson, triolets.
Paris, Vanier, 1884, pet. in-12 de 22 pag., broché.

> EDITION ORIGINALE.
> *Envoi autographe,* en prose et en vers, de l'auteur à M. Amédée
> Tissot.

432. BEAUCLAIR (Henri). Les Horizontales. *Paris,
Librairie Européenne,* 1885, plaquette pet. in-18 de 36 pag.,
brochée.

> EDITION ORIGINALE.

433. BECQUE (Henry). Théâtre complet. *Paris, Charpentier & Cie,* 1890, 2 vol. in-12, mar. vert olive, encadr.
de 2 fil. dor. et d'une bande de mar. bleu foncé sertie
de fil. à froid, même décor répété sur les dos; à l'intérieur
larges bandes de mar. vert bleu, fil. dor., doubl. et

gardes de papier lie de vin, tr. dor. sur témoins, couvertures (*Noulhac*).

Première édition collective.
Un des 25 exemplaires imprimés sur **papier de Hollande**, auquel on a ajouté *un article autographe* (8 pag.) de Henry Becque assez vif contre Sarcey et Claretie et relatif à leur critique de son théâtre.

434. BECQUE (Henry). Souvenirs d'un auteur dramatique. *Paris, Bibliothèque artistique et littéraire*, 1895, gr. in-16, broché.

Édition originale.

435. BERNARD (Tristan). Un Mari pacifique. *Paris, Revue Blanche*, 1901, in-12, dos et coins mar. bleu, dos orné et mosaïqué, têt. dor., non rogné, couverture (*Kieffer*).

Édition originale.
Un des 20 exemplaires imprimés sur **papier de Hollande**.

436. BERNARD (Tristan). Secrets d'Etat. *Paris, Edition du « Monde Illustré »*, 1908, in-12, broché.

Édition originale.
Exemplaire imprimé sur **papier de Hollande**.

437. BERNARD (Tristan). Auteurs, acteurs, spectateurs. *Paris, Pierre Lafitte et Cⁱᵉ*, 1909, in-12, broché.

Édition originale.
Un des 10 exemplaires imprimés sur **papier de Hollande**.

438. BERNARD (Tristan). Le Roman d'un mois d'été. *Paris, Ollendorff*, 1909, in-12, broché.

Édition originale.
Un des 25 exemplaires imprimés sur **papier de Hollande**.

439. BERNARD (Tristan). Sur les grands chemins. *Paris, Ollendorff*, s. d. (1911), in-12, broché.

Édition originale.
Un des 30 exemplaires imprimés sur **papier de Hollande**.

440. BERNARD (Tristan). Nicolas Bergère, joies et décon-
venues d'un jeune boxeur. *Paris, Ollendorff*, 1911, in-12,
broché.

> EDITION ORIGINALE.
> Un des **30** exemplaires imprimés sur **papier de Hollande**.

441. BERNARD (Tristan). Mathilde et ses mitaines, roman.
Paris, Ollendorff, 1912, in-12, dos et coins de mar.
grenat, fil., dos orné et mosaïqué, têt. dor., non rogné,
couverture (*Kieffer*).

> EDITION ORIGINALE.
> Un des **30** exemplaires imprimés sur **papier de Hollande**.

442. BERTRAND (Louis). Saint Augustin. *Paris, Fayard
et Cie*, 1913, in-12, broché.

> EDITION ORIGINALE.
> Un des **80** exemplaires imprimés sur **papier de Hollande**.

443. BERTRAND (Louis). Les plus belles pages de Saint-
Augustin. *Paris, Fayard et Cie*, 1916, in-12, broché.

> EDITION ORIGINALE de ce recueil.
> Un des **80** exemplaires imprimés sur **papier de Hollande**.

444. BLANCHE (Jacques-Émile). Cahiers d'un Artiste.
Troisième série, suite du Printemps à Paris, Été en Nor-
mandie : Août-Novembre 1915. *Paris, Émile-Paul frères*,
1917, in-8 carré, broché.

> EDITION ORIGINALE.
> Un des **31** exemplaires réimposés sur papier vergé d'Arches.

445. BLOY (Léon). Le Désespéré. *Paris, Tresse & Stock*,
1887, in-12, cartonn. dos et coins de toile grise, non
rogné (*Couvert.*).

> EDITION ORIGINALE.

446. BLOY (Léon). Quatre ans de captivité à Cochons-

sur-Marne, 1900-1904. *Paris, Mercure de France,* 1905, in-12, 2 port. et fac-simile, broché.

> ÉDITION ORIGINALE.
> Un des **21** exemplaires imprimés sur papier de Hollande.

447. BLOY (Léon). L'Invendable, 1904-1907. *Paris, Mercure de France,* 1909, in-12, 2 fig., broché.

> ÉDITION ORIGINALE de cet ouvrage qui fait suite au *Mendiant Ingrat,* à *Mon Journal* et à *Quatre ans de captivité à Cochons-sur-Marne.*
> Un des **21** exemplaires imprimés sur papier de Hollande.

448. BLOY (Léon). L'Ame de Napoléon. *Paris, Mercure de France,* 1912, in-12, broché.

> ÉDITION ORIGINALE.
> Un des **27** exemplaires imprimés sur papier de Hollande.

449. BLOY (Léon). Au seuil de l'Apocalypse, 1913-1915. *Paris, Mercure de France,* 1916, in-12, dos et coins de mar. bleu, fil. à froid, dos orné et mosaïqué, tête dor., non rogné, couverture (*Kieffer*).

> ÉDITION ORIGINALE.
> Un des **35** exemplaires imprimés sur papier de Hollande.

450. BLOY (Léon). Méditations d'un Solitaire en 1916. *Paris, Mercure de France,* 1917, in-12, dos et coins de mar. tête de nègre, fil., dos orné, tête dor., non rogné, couverture (*Kieffer*),

> ÉDITION ORIGINALE.
> Un des **45** exemplaires imprimés sur papier vergé d'Arches.

451. BOUCHOR (Maurice). Les Poëmes de l'Amour et de la Mer. *Paris, Charpentier et Cie,* 1876, in-12, cartonn. dos et coins de mar. grenat à longs grains, non rogné, couverture (*Carayon*).

> ÉDITION ORIGINALE.
> Un des **50** exemplaires imprimés sur papier de Hollande.

452. BOUILHET (Louis). Poésies, festons et astragales. *Paris, Librairie Nouvelle*, 1859, in-12, dos et coins de mar. vert olive, têt. dor., non rogné, couverture (*Dodé*).

> ÉDITION ORIGINALE.
> Signature à l'encre et crayonnages sur la couverture.

453. BOURGES (Elémir). Le Crépuscule des dieux. Mœurs contemporaines. *Paris, Giraud et Cie, s. d.* (1884), in-12, broché.

> ÉDITION ORIGINALE.
> Le dos de la couverture est en mauvais état.

454. BOURGET (Paul). Essais de Psychologie contemporaine. Baudelaire. M. Renan. Flaubert. M. Taine. Stendhal. *Paris, Lemerre*, 1883. — Nouveaux Essais de Psychologie contemporaine. M. Dumas fils. M. Leconte de Lisle. MM. de Goncourt. Tourgueniev. Amiel. *Ibid., id.*, 1886. Ens. 2 vol. in-12, dos et coins de mar. bleu, fil., dos ornés, têt. dor., non rognés, couvertures (*Lanoe*).

> ÉDITIONS ORIGINALES.

455. BOURGET (Paul). Un Cœur de Femme. *Paris, Lemerre*, 1890, in-12, mar. citron, fil., dos orné, dent. int., tête dor., non rogné, couverture (*Gruel*).

> ÉDITION ORIGINALE.
> Un des **25** exemplaires imprimés sur **papier de Chine**.

456. BOURGET (Paul). Sensations d'Italie. *Paris, Lemerre*, 1891, in-12, broché.

> ÉDITION ORIGINALE.
> Un des **30** exemplaires imprimés sur **papier de Hollande**.

457. BOYLESVE (René). Mon Amour. *Paris, Calmann-Lévy, s. d.* (1908), in-12, dos et coins de mar. rouge, fil., dos orné, titre sur mar. bleu, tête dor., non rogné, couverture (*Stroobants*).

Edition originale.
Un des **35** exemplaires imprimés sur **papier de Hollande**.

458. BOYLESVE (René). La Marchande de petits pains pour les canards. *Paris, Calmann-Lévy, s. d.* (1913), in-12, broché.

Edition originale.
Un des **60** exemplaires imprimés sur **papier de Hollande**.

459. BRETON (Jules). Les Champs et la Mer. *Paris, Lemerre,* 1875, in-12, broché.

Edition originale.
Hommage autographe de l'auteur à M. de Lescure.

460. BURNAT-PROVINS (Marguerite). Petits Tableaux Valaisans. (A la fin :) *Säuberlin et Pfeiffer, Vevey,* 1903, in-8 oblong, papier Montgolfier gris, cartonn. grosse toile verte, décor de feuillage roux et titre en noir sur le premier plat, non rogné (*Cartonn. des éditeurs*).

Edition originale illustrée par l'auteur de 10 planches hors texte en couleurs, de vignettes et lettres ornées.

461. CLAUDEL (Paul). Connaissance de l'Est. *Paris, Mercure de France,* 1900, pet. in-8, papier vergé, broché.

Edition originale.

462. CLAUDEL (Paul). L'Otage, drame, *Paris, Nouvelle Revue française,* 1911, in-12, broché.

Edition originale.

463. CLAUDEL (Paul). L'Annonce faite à Marie, mystère en quatre actes et un prologue. *Paris, Nouvelle Revue française,* 1912, in-12, broché.

Edition originale.

464. CLAUDEL (Paul). Deux poëmes d'été. La Cantate à trois voix. Protée, drame satyrique. *Paris, Nouvelle Revue française,* 1914, pet. in-4, texte réimposé, dos et coins de mar. bleu, fil., dos orné, tête dor., non rogné, couverture (*M. Lortic*).

> Edition collective contenant *Protée* en ÉDITION ORIGINALE.
> Un des **64** exemplaires imprimés sur **papier vergé** d'Arches.

465. CLAUDEL (Paul). Deux poèmes d'été. La Cantate à trois voix, Protée, drame satyrique. *Paris, Nouvelle Revue française,* 1914, in-12, broché.

> Edition collective contenant *Protée* en ÉDITION ORIGINALE.

466. CLAUDEL (Paul). La Nuit de Noël de 1914. *Paris, à l'Art Catholique,* 1915, pet. in-8, broché.

> ÉDITION ORIGINALE; frontispice par *Sainte-Marie Perrin.*
> Un des **27** exemplaires imprimés sur **papier vergé** d'Arches.

467. COLETTE (Colette Willy). L'Entrave. *Paris, Librairie des Lettres,* 1913, in-12, broché.

> ÉDITION ORIGINALE.
> **Papier de Hollande.**

468. COPPÉE (François). Poèmes modernes. *Paris, Lemerre,* 1869, in-12, mar. bleu jans., initiales aux angles, dent. int. dor, non rogné, couvertures (*David*).

> ÉDITION ORIGINALE.
> Exemplaire de Philippe Burty, un des quelques-uns imprimés sur **papier de Chine.**

469. COPPÉE (François). Arrière-Saison, poésies. *Paris, Lemerre,* 1887, in-12, mar. bleu foncé, jans., dent. int., non rogné, couverture (*David*).

> ÉDITION ORIGINALE.
> Un des **7** exemplaires imprimés sur **papier de Chine.**

470. CORBEL (Henri). Rimes de Mai. Avec préface de

Gabriel Vicaire. *Paris, Parrot et C*, 1892, pet. in-8,
broché.

EDITION ORIGINALE.
Exemplaire imprimé sur **papier de Hollande**, non numéroté,
offert par *un envoi autographe* de l'auteur à M. Alexandre
Piédagnel.

471. CORBIÈRE (Tristan). Les Amours jaunes. *Paris, Glady
frères*, 1873, in-12, mar. noir, le premier plat orné du
titre surmonté de flammes dor., têt. dor., non rogné,
couverture (*Kieffer*).

EDITION ORIGINALE.
Un des quelques exemplaires imprimés sur **papier jonquille** ;
il porte *un envoi autographe* de l'auteur à Francisque Sarcey.

472. COURTELINE (Georges). La Paix chez soi, comédie
en un acte. *Paris, Flammarion, s. d.* (1903), in-12, dos
et coins mar. vert foncé, dos orné et mosaïqué, têt. dor.,
non rogné, couverture (*Kieffer*).

EDITION ORIGINALE.
Un des 20 exemplaires imprimés sur **papier de Hollande**
avec cet *envoi autographe* sur le feuillet de garde :

Courteline
à Catulle Mendès
Les grandes amitiés n'ont
que faire de grands mots.

473. COURTELINE (Georges). Les Linottes. Illustrations
de Ch. Roussel. *Paris, Flammarion, s. d.* (1912), in-12,
dos et coins mar. rouge foncé, dos orné et mosaïqué, têt.
dor., non rogné, couverture (*Kieffer*).

EDITION ORIGINALE.
Un des 20 exemplaires imprimés sur **papier de Chine**.

474. COURTELINE (Georges). La Philosophie de Georges
Courteline. *Paris, Flammarion*, 1917, in-16, en feuilles
dans un carton avec rabats et attaches.

EDITION ORIGINALE.
Un des **30** exemplaires imprimés sur **papier du Japon**.

475. CROS (Charles), Le Coffret de Santal. *Paris, Lemerre, Nice, J. Gay et fils,* 1873, pet. in-12, papier vergé, broché.

> EDITION ORIGINALE.

476. DARZENS (Rodolphe). La Nuit. Premières poésies, 1882-1884. *Paris, Jouve,* 1885, in-12, broché.

> EDITION ORIGINALE, tirée à 300 exemplaires sur papier vergé.
> *Envoi autographe* de l'auteur à M. Pierre Hennequin.

477. DAUDET (Alphonse). Numa Roumestan, mœurs parisiennes. *Paris, Charpentier,* 1881, in-12, dos et coins de mar. vert foncé, fil., dos orné et mosaïqué, tête dor., non rogné. couverture (*Lanoë*).

> EDITION ORIGINALE.
> **Papier de Hollande.**

478. DAUDET (Alphonse). L'Evangéliste, roman parisien. *Paris, Dentu,* 1883, in-12, mar. bleu, encadr. de fil. pleins et au pointillé, petite dent. et ornem. d'angles, dos plat orné, fil. int., doubl. de soie brochée, doubles gardes, tr. dor. sur témoins, couverture (*Dodé*).

> EDITION ORIGINALE.
> Exemplaire imprimé sur **papier du Japon.**

479. DAUDET (Alphonse). Sapho, mœurs parisiennes. *Paris, Charpentier et C*, 1884, in-12, mar. bleu foncé, encadr. de fil. pleins et au pointillé et pet. dent., motifs d'angle, fil. int., doubl. de soie brochée, doubles gardes, têt. dor., non rogné, couverture (*Dodé*).

> EDITION ORIGINALE.
> Un des 40 exemplaires imprimés sur **papier du Japon.**

480. DELARUE-MARDRUS (Lucie). Occident. *Paris, Revue blanche,* 1901, pet. in-8, cartonn. papier marbré imitant le mar., non rogné (*Couvert.*).

> EDITION ORIGINALE.

481. DELARUE-MARDRUS (Lucie). Ferveur. *Paris, Revue Blanche,* 1902, in-12, broché.

> Edition originale.
> Un des **10** exemplaires imprimés sur **papier du Japon**.
> Sur le faux titre *joli envoi autographe* de l'auteur à Henri Monod.

482. DELARUE-MARDRUS (Lucie). Ferveur. *Paris, Revue Blanche,* 1902, in-12, broché.

> Edition originale.
> *Envoi autographe* de l'auteur à José-Maria de Heredia.

483. DELARUE-MARDRUS (Lucie). Horizons. *Paris, Fasquelle,* 1904, in-12, broché.

> Edition originale.

484. DELARUE-MARDRUS (Lucie). La Figure de Proue. *Paris, E. Fasquelle,* 1908, in-12, demi-rel. chag. rouge, tête dor., non rogné (*Couvert.*).

> Edition originale.

485. DELARUE-MARDRUS (Lucie). Tout l'amour, roman. *Paris, Fasquelle,* 1911, in-12, dos et coins de mar. vert olive, dos orné et mosaïqué, tête dor., non rogné, couverture (*Kieffer*).

> Edition originale.
> Un des **10** exemplaires imprimés sur **papier de Hollande**.

486. DELARUE-MARDRUS (Lucie). L'Inexpérimentée, roman. *Paris, Fasquelle,* 1912, in-12, dos et coins de mar. vert, fil. à froid, dos orné et mosaïqué, tête dor., non rogné, couverture (*Kieffer*).

> Edition originale.
> Un des **10** exemplaires imprimés sur **papier de Hollande**.

487. DELVAU (Alfred). Les Heures parisiennes, 25 eaux-

fortes d'Emile Benassit. *Paris, Librairie centrale*, 1866, in-12, dos et coins de mar. rouge, tête dor., non rogné.

ÉDITION ORIGINALE.
Exemplaire imprimé sur **papier de Hollande**, avant les importantes modifications exigées par la Censure. Les figures sont tirées sur papier de Chine ; celle de *Minuit* est AVANT la suppression du petit amour.

488. DESCAVES (Lucien). Philémon ; vieux de la vieille. *Paris, Ollendorff*, 1913, in-12, portr., broché.

ÉDITION ORIGINALE.
Un des **40** exemplaires imprimés sur **papier de Hollande**.

489. DESCAVES (Lucien). Barabbas. Paroles dans la vallée. Dessins de Steinlen. *Paris, Rey*, 1914, pet. in-8 carré, broché.

ÉDITION ORIGINALE.
Un des **100** exemplaires imprimés sur **papier vélin d'Arches**.

490. DIERX (Léon). Poèmes et Poésies. *Paris, Sausset*, 1864, in-12, mar. bleu foncé, encadr. de 2 fil. dor. et d'une bande de mar. bleu clair, sertie à froid, dos orné, encadr. des plats répété à l'int., tr. dor. sur témoins, couverture (*Lanoë*).

ÉDITION ORIGINALE.
Envoi autographe de l'auteur à son ami Paul Verlaine sur le faux titre.

491. DIERX (Léon), Les Lèvres closes. *Paris, Lemerre*, 1867, in-12, mar. bleu foncé, encadr. de 2 fil. dor. et d'une bande de mar. bleu clair, sertie à froid, dos orné, encadr. des plats répété à l'intérieur, tr. dor. sur témoins, couverture (*Lanoë*).

ÉDITION ORIGINALE.
Envoi autographe de l'auteur sur le faux titre.

492. DIERX (Léon). Les Amants, Poésies. *Paris, Lemerre*,

1879, in-12, mar. bleu foncé, encadr. de 2 fil. dor. et
d'une bande de mar. bleu clair sertie à froid, dos orné,
encadrem. des plats répété à l'int., tr. dor. sur témoins,
couverture (*Lanoë*).

Edition originale.

493. DOLENT (Jean) [Antoine Fournier]. OEuvres diverses. Réunion de 5 vol. in-12, mar. rouge, double encadr, de fil. dor. croisés aux angles, dos ornés; à l'int.
bord. de mar. orné d'une grecque, tr. dor. sur témoins,
couvertures (*Blanchetière*).

Une Volée de merles. *Paris, Cournol*, 1863. — Petit manuel
d'art à l'usage des ignorants. Six eaux-fortes par Eugène Millet.
Lemerre, 1874. — Le Livre d'art des Femmes. Eau-forte par
Ribot. *Ibid.*, 1877. — Amoureux d'Art. Portrait de l'auteur
par Bracquemond. Eau-forte par Eug. Carrière. *Ibid.*, 1888.
— Monstres. Lithographie par Eug. Carrière. *Ibid.*, 1896.
Editions originales sauf pour le premier ouvrage; deux
volumes portent un *envoi autographe* de l'auteur à M. Paul
Plan, à M. J. Lassalle.

494. DOLENT (Jean). Monstres. Lithographie par Eugène
Carrière. *Paris, Lemerre*, 1896, in-12 vélin blanc, fil.,
dos orné, fil. à l'int., tr. dor. sur témoins, couverture,
étui (*M. Lortic*).

Edition originale.
Envoi autographe de l'auteur à M. Pollin.

495. DOLENT (Jean). Réunion de 4 vol. in-12, publiés
chez Lemerre, brochés.

Petit manuel d'art à l'usage des ignorants. Six eaux-fortes
par Eugène Millet, 1874. — Le Livre d'art des femmes. Eau-
forte par Ribot, 1877. — Amoureux d'art. Eau-forte par Eugène Carrière, 1888. — Maître de sa joie, 1902.
Editions originales.
Lettre autographe ajoutée au premier volume; les deux derniers portent un *envoi* de l'auteur à Louis Denise.

496. DOLENT (Timon). La Mauvaise herbe, poésies. (A la

fin :) *Paris, Bouchy et Cie, imprimeurs, s. d.,* in-16, broché.

EDITION ORIGINALE.
On y a ajouté *une poésie autographe* : « Expérience » dédiée par l'auteur à Mounet-Sully et une lettre d'envoi au même.

497. DONNAY (Maurice) et DESCAVES (Lucien). Oiseaux de passage, pièce en quatre actes. *Paris, Fasquelle,* 1904, in-12, broché.

EDITION ORIGINALE.
Exemplaire sur **papier du Japon** imprimé pour Jules Claretie, offert par *un hommage autographe* signé des auteurs.

498. DONNAY (Maurice). Théâtre. *Paris, Fasquelle,* 1908-1913, 6 vol. in-12, brochés.

PREMIÈRE ÉDITION COLLECTIVE.
Un des **25** exemplaires imprimés sur **papier de Hollande.**

499. DONNAY (Maurice). Alfred de Musset. *Paris, Hachette et Cie,* 1914, in-12, broché.

EDITION ORIGINALE.
Un des **50** exemplaires imprimés sur **papier de Hollande.**

500. DONNAY (Maurice). L'Impromptu du paquetage, pièce en un acte. *Paris, Crès et Cie,* 1916, in-16, broché.

EDITION ORIGINALE.
Un des **15** exemplaires imprimés sur **papier de Chine** ; celui-ci est un des cinq derniers non mis dans le commerce.
Sur le faux titre, transcription en dix-sept lignes de la main de l'auteur et signées, d'un fragment de la scène VII (pp. 135-136).

501. DONNAY (Maurice). Lettres à une Dame blanche. *Paris, Société littéraire de France,* 1917, in-16, broché.

EDITION ORIGINALE.
Un des **50** exemplaires imprimés sur **papier du Japon.**

502. DUCROCQ (Georges). Les Roses du Valois, poèmes.

Paris, A la Belle Edition, 1912, très pet. in-4, papier
d'Arches, broché,

EDITION ORIGINALE, tirée à 405 exemplaires.

503. DUJARDIN (Edouard). Les Hantises. *Paris, Vanier,*
1886, in-12, dos et coins de mar. grenat, fil., dos orné,
têt. dor., non rogné, couverture *(Lanoë).*

EDITION ORIGINALE.
Un des **35** exemplaires imprimés sur **papier du Japon.**
Hommage autographe de l'auteur à Edmond de Goncourt.

504. ELDER (Marc). Le Peuple de la Mer. *Paris, Oudin,*
1914, in-12, dos et coins de mar. vert olive, fil., dos
orné et mosaïqué, têt. dor., non rogné, couverture
(Kieffer).

EDITION ORIGINALE.
Un des quelques exemplaires imprimés sur **papier du Japon.**

505. ELSKAMP (Max). Salutations, dont d'angéliques.
Bruxelles, Lacomblez, 1892, in-8 carré, broché *(Couvert.
ornementée par Henry Van de Velde).*

EDITION ORIGINALE tirée à 203 exemplaires ; celui-ci est un des
200 sur papier de Hollande.
Hommage autographe de l'auteur à Rémy de Gourmont.

506. ESPARBÈS (Georges d'). La Légende de l'Aigle
(Poème épique en vingt contes). *Paris, Dentu,* 1893, in-
12, dos et coins de mar. vert, fil., dos orné et mosaïqué,
tête dor., non rogné, couverture *(Lanoë).*

EDITION ORIGINALE.
Envoi autographe de l'auteur à Oscar Métênier sur le faux
titre.

507. FLAUBERT (Gustave). L'Education sentimentale.
Histoire d'un jeune homme. *Paris, Michel Lévy frères,*
1870, 2 vol. in-8, mar. noir jans., doubl. de mar. rouge,

filet, gardes de soie noire et or, doubles gardes, tranches
dor. sur témoins, couvertures (*Noulhac*).

Edition originale.

508. **FLAUBERT** (Gustave). Bouvard et Pécuchet, œuvre
posthume. *Paris, Lemerre*, 1881, in-12, mar. La Vall,
clair, encad. de deux bandes de mar. vert olive, sertis
dans des fil. dor. droits et courbes, larges coins ornés,
semis de petits points dorés, dos orné et mosaïqué, doubl.
de mar. violet, filet, gardes de tabis mordoré, doubles
gardes, tranches dor. sur témoins, couverture, étui
(*Noulhac*).

> Edition originale.
> Un des quelques exemplaires imprimés sur **papier de Chine.**
> Jolie reliure.

509. FLEURY (Albert). Poèmes étranges. *Bibliothèque du
Collège esthétique*, 1894, in-12, broché.

> Edition originale.
> *Hommage autographe* de l'auteur à M. Cyprien Godebstki.

510. FLEURY (Albert). Des Automnes et des Soirs... (A la
fin :) *Imp. G. Dubar et Cie, Lille,* 1910, papier de Hollande, in-12, broché.

> Edition originale.
> *Envoi autographe* de l'auteur à Mounet-Sully.

511. FONTAINAS (André). Les Vergers illusoires. *Paris,
Librairie de l'Art Indépendant*, 1892, pet. in-8, broché.

> Edition originale.

512. FORT (Paul). Ile-de-France. *Paris, Figuière*, 1911,
in-12, broché.

> Edition originale. — IXe série des *Bullades françaises.*
> Un des **8 exemplaires** imprimés sur **Japon impérial.**

513. FORT (Paul). Chansons pour me consoler d'être heureux. *Paris, Figuière et Cie*, 1913, in-12, broché.

EDITION ORIGINALE de la XVe série des *Ballades françaises*.
Un des 8 exemplaires imprimés sur **papier du Japon**, signés de l'auteur.

514. FRANCE (Anatole). Le Lys rouge. *Paris, Calmann-Lévy*, 1894, in-12, mar. gris, milieux ornés d'un écusson de mar. rouge portant une fleur de lis héraldique, réseau de pointillé noir, dos orné, têt. dor., à l'int., bord. de mar. orné de fil., fleur de lis aux angles, têt. dor., non rogné, couverture, étui (*Kieffer*).

EDITION ORIGINALE.

514 *bis*. FRANCE (Anatole). L'Orme du Mail. *Paris, Calmann Lévy*, 1897, in-12, mar. vert clair, les plats couverts de compart. de filets à froid, motifs à froid répétés au centre des plats, bordure ornée à l'int,, têt. dor., non rogné, couverture, étui (*Kieffer*).

EDITION ORIGINALE.
Un des 30 exemplaires imprimés sur **papier du Japon**.

515. FRANCE (Anatole). Le Mannequin d'osier. *Paris, Calmann Lévy*, 1897, in-12, dos et coins de mar. La Vall., fil., dos orné et mosaïqué. tête dor., non rogné, couverture (*Lanoë*).

EDITION ORIGINALE.
Envoi autographe d'Anatole France à Jules Lemaître sur le faux titre.

516. FRANCE (Anatole). Monsieur Bergeret à Paris. *Paris, Calmann Lévy, s. d.* (1900), in-12, dos et coins mar. vert clair, dos orné, têt. dor., non rogné, couverture (*Kieffer*).

EDITION ORIGINALE.
Un des 57 exemplaires imprimés sur **papier de Hollande**.

517. FRANCE (Anatole). Les Dieux ont soif. *Paris, Cal-*

mann-Lévy, *s. d.* (1912), in-12, dos et coins de mar. vert foncé, fil. à froid, dos orné et mosaïqué, tête dor., non rogné, couverture (*Kieffer*).

Édition originale.
Exemplaire imprimé sur **papier de Hollande**.

518. FRANCE (Anatole). Le Génie latin. *Paris, Lemerre*, 1913, in-12, dos et coins de mar. vert, fil., dos orné et mosaïqué, tête dor., non rogné, couverture (*Kieffer*).

Première édition collective de préfaces et notices littéraires publiées dans ce volume avec quelques changements.
Papier de Hollande.

519. FRANCE (Anatole). La Révolte des Anges. *Paris, Calmann-Lévy, s. d.* (1914), in-12, dos et coins de mar. vert foncé, dos orné et mosaïqué, tête dor., non rogné, couverture (*Kieffer*).

Édition originale.
Exemplaire imprimé sur **papier de Hollande**.

520. FRANC-NOHAIN. Les Inattentions et Sollicitudes. *Paris, Vanier*, 1894, pet. in-12, portr., broché.

Édition originale.
Un des 30 exemplaires imprimés sur **papier du Japon**.

521. FRANC-NOHAIN. Flutes, poèmes amorphes, fables, anecdotes, curiosités. *Paris, Revue Blanche*, 1898, pet. in-8, broché.

Édition originale.
Un des 15 exemplaires imprimés sur **papier de Hollande**.

522. FRANC-NOHAIN. Les Chansons des Trains et des Gares. *Paris, Revue Blanche*, 1899, in-12, broché.

Édition originale.

523. FROMENTIN (Eugène). Un Eté dans le Sahara.

Paris, Michel Lévy frères, 1857, in-12, dos et coins de
mar. La Vall. clair, dos orné et mosaïqué, tête dor., non
rogné, couverture (*Lanoë*).

Edition originale.

524. FROMENTIN (Eugène). Dominique. *Paris, Hachette
et Cie*, 1863, in-8, dos et coins de mar. vert, dos orné, tr.
marb, (*Rel. de l'époque*).

Edition originale.
Exemplaire imprimé sur **papier de Hollande** contenant à la
page 177 le premier texte, *en sueur* au lieu de *censeur*.
Envoi autographe de l'auteur à Mme Howland sur un feuillet
de garde.

525. GAUTHIEZ (Pierre). Les Voix errantes, poésies
(1879-1885). *Paris, Lemerre*, 1886, in-12, broché.

Edition originale.
Envoi autographe de l'auteur à Mounet-Sully.

526. GEANDREAU (Louis). Le Ciel dans l'eau, poèmes et
théâtre. Préface de Edmond Rostand. *Paris, Fasquelle,*
1917, in-12, broché.

Edition originale de ces œuvres posthumes du lieutenant
Louis Geandreau, tué à l'ennemi à Crouy en 1915.
Un des 25 exemplaires imprimés sur **papier de Hollande**.

527. GHIL (René). Légendes d'âmes et de sangs. Des vers.
Paris, Frinzine et Cie, 1885, pet. in-8, broché.

Edition originale.
Dos brisé.

528. GIDE (André). Bethsabé. *Paris, Bibliothèque de l'Occident*, 1912, in-4, broché.

Edition originale, ornée d'un frontispice de *J.-M. Sert* gravé
sur bois par *J. et C. Beltrand*.
Tiré à 150 exemplaires sur papier vergé d'Arches.

529. GLATIGNY (Albert). Les Flèches d'or, poésies. *Paris,. Frédéric Henry*, 1864, in-12, broché.

> EDITION ORIGINALE.

530. GLATIGNY (Albert). Le Fer rouge, nouveaux châti-ments. *France et Belgique, chez tous les libraires (Bruxelles,. Imp. de Briard)*, 1870, in-12, dos et coins mar. rouge, fil., têt. dor., non rogné.

> EDITION ORIGINALE.
> Exemplaire imprimé sur **papier de Chine**, probablement unique ; M. Vicaire n'indique pour cette édition qu'un tirage sur papier vergé.
> On y a ajouté le frontispice gravé par *F. Rops* pour l'édition. in-8 de 1871 ; épreuve en sanguine sur Chine.

531. GLATIGNY (Albert). Gilles et Pasquins. *Paris.. Lemerre*, 1872, in-12, broché.

> EDITION ORIGINALE.
> Un des **12** exemplaires imprimés sur **papier de Chine**.

532. GONCOURT (Edm. et J. de). Portraits intimes du xviiie siècle. 1re et 2e séries. *Paris, Dentu*, 1857-1858, 2 vol. pet. in-12, cartonn. dos et coins mar. bleu vert, non rognés (*Couvert.*).

> EDITION ORIGINALE.
> Le premier volume est imprimé sur **papier jonquille** et le second, sur **papier rose**.

533. GONCOURT (Edm. et J. de). Histoire de Marie-Antoinette. *Paris, Librairie de Firmin Didot frères, fils et Cie*, 1858, in-8, cartonn. demi-toile gris bleu, non rogné (*Couvert.*).

> EDITION ORIGINALE.

534. GONCOURT (Edm. et J. de). Sœur Philomène. *Paris,.*

Bourdillat & Cie, 1861, in-12, dos et coins de mar. citron, fil., dos orné, non rogné, couverture.

EDITION ORIGINALE.
Exemplaire portant sur le faux titre l'intéressant *envoi autographe* suivant :

A Victor Hugo
Ses très humbles admirateurs
E. ET J. DE GONCOURT.

535. GONCOURT (Edm. et J. de). Germinie Lacerteux. *Paris, Charpentier*, 1855, in-12, dos et coins mar. rouge foncé, dos orné, têt. dor., non rogné, couverture (*Kieffer*).

EDITION ORIGINALE.

536. GONCOURT (Edm. et J. de). Sophie Arnould, d'après sa correspondance et ses mémoires inédits. *Paris, G. Charpentier et Cie*, 1885, in-12, vélin à recouvrem., chiffre des Goncourt sur les plats, non rogné, couverture (*Pierson*).

Un des 2 exemplaires imprimés sur **papier du Japon**.
De la bibliothèque d'Edmond de Goncourt.

537. GONCOURT (Edm. et J. de). Journal des Goncourt. Mémoires de la vie littéraire. 1re, 2e et 3e séries. *Paris, Charpentier et Cie*, 1887-1896, 9 vol. in-12, cartonn. dos et coins toile bleu clair, non rognés (*Couvert.*).

EDITION ORIGINALE contenant p. 254 du tome IX le passage qui se trouve modifié dans la majeure partie de l'édition.
Un des 50 exemplaires imprimés sur **papier de Hollande**.

538. GONCOURT (Edmond de). La Fille Elisa. *Paris, Charpentier*, 1877, in-12, dos et coins de mar. rouge, fil., dos plat orné, tête dor., non rogné, couverture (*Canape*).

EDITION ORIGINALE.
Un des 75 exemplaires imprimés sur **papier de Hollande**.

539. GONCOURT (Edmond de). Les Frères Zemganno. *Paris, G. Charpentier*, 1879, in-12, mar. gris vert jans., doublé de mar. vert olive, filet doré, gardes de soie brochée, doubles gardes, tr. dor. sur témoins, couverture (*Marius-Michel*).

> EDITION ORIGINALE.
> Exemplaire imprimé sur **papier de Chine** pour l'éditeur.

540. GONCOURT (Edmond de). La Maison d'un artiste. *Paris, G. Charpentier*, 1881, 2 vol. in-12, dos et coins mar. rouge foncé, têt. dor., non rognés, couvertures (*Durvand*).

> EDITION ORIGINALE.
> Un des **10** exemplaires imprimés sur **papier de Chine** ; il porte un *envoi autographe* de l'auteur à Giacomelli.

541. GONCOURT (Edmond de). La Faustin. *Paris, Charpentier*, 1882, in-12, dos et coins mar. brun, dos orné, têt. dor., non rogné, couverture (*Kieffer*).

> EDITION ORIGINALE.
> **Papier de Hollande.**

542. GONCOURT (Edmond de). Chérie. *Paris, Charpentier et Cie*, 1884, in-12, dos et coins mar. La Vall., dos orné, têt. dor., non rogné, couverture (*Kieffer*).

> EDITION ORIGINALE.
> Un des **100** exemplaires imprimés sur **papier de Hollande.**

543. GONCOURT (Edmond de). Outamaro, le peintre des maisons vertes. *Paris, Bibliothèque-Charpentier*, 1891, in-12, dos et coins mar. noir, dos orné, têt. dor., non rogné, couverture (*Kieffer*).

> EDITION ORIGINALE.
> Un des **30** exemplaires imprimés sur **papier du Japon.**

544. GOURMONT (Rémy de). Sixtine ; roman de la vie

cérébrale. *Paris, Albert Savine,* 1890, in-12, dos et coins de mar. noir, bandes de mar. violet serties à froid sur le dos, tête dor., non rogné, couverture (*Kieffer*).

EDITION ORIGINALE.
Exemplaire imprimé sur **papier de Hollande**. *Envoi autographe* de l'auteur à Louis Denise sur le faux titre.

545. GOURMONT (Rémy de). Le Latin mystique. Les Poètes de l'Antiphonaire et la Symbolique au moyen âge par Rémy de Gourmont. Préface de J.-K. Huysmans. Miniature de Filiger. *Paris, Mercure de France,* 1892, in-8, dos et coins de mar. noir, dos ornés de bandes de mar. bleu serties à froid, tête dor., non rogné, couverture (*Kieffer*).

EDITION ORIGINALE tirée à 220 exemplaires numérotés. Celui-ci est imprimé sur papier teinté.

546. GOURMONT (Rémy de). Histoires magiques. *Paris, Mercure de France,* 1894, in-12, dos et coins mar. noir, dos mosaïqué de 3 bandes de mar. grenat serties à froid, têt. dor., non rogné, couverture (*Kieffer*).

EDITION OIRGINALE tirée à 299 exemplaires signés de l'auteur et ornés d'un frontispice d'*Henry de Groux* ; celui-ci est imprimé sur papier vélin ivoire.

547. GOURMONT (Rémy de). Le Livre des Masques, portraits symbolistes, gloses et documents sur les écrivains d'hier et d'aujourd'hui. Les Masques au nombre de XXX, dessinés par F. Vallotton. — Le IIᵉ Livre des Masques. Les Masques au nombre de XXIII dessinés par F. Vallotton. *Paris, Mercure de France,* 1896-1898, 2 vol. in-12, mar. noir. les plats et le dos entièrement mosaïqués en hauteur de bandes de mar. rouge serties à froid ; à l'int., encadr. de mar. noir orné de fil. et motifs d'angle dor., doubl. et gardes de faille rouge foncé,

doubles gardes, têt. dor., non rognés, couvertures, étuis (*Kieffer*).

> Edition originale.
> Un des **25** exemplaires imprimés sur **papier de Chine**.

548. GOURMONT (Rémy de). D'un Pays lointain. *Paris, Mercure de France,* 1898, in-12, dos et coins de mar. noir, dos mosaïqué en long de quatre bandes de mar. orange foncé serties à froid, têt. dor., non rogné, couverture (*Kieffer*).

> Edition originale.
> Un des **12** exemplaires imprimés sur **papier de Hollande**.

549. GOURMONT (Rémy de). Les Saintes du paradis. Images par G. D'Espagnat. *Paris, Mercure de France.* 1899, in-16 carré. fig. et vignettes sur bois, papier de Hollande, dos et coins mar. brun, dos orné, têt. dor., non rogné, couverture (*Kieffer*).

> Edition originale.

550. GOURMONT (Rémy de). Le Problème du Style, questions d'art, de littérature et de grammaire. *Paris, Mercure de France,* 1902, in-12, dos et coins mar. tête de nègre, dos mosaïqué en long de trois bandes de mar. gris fer serties à froid, tête dor., non rogné, couverture (*Kieffer*).

> Edition originale.

551. GOURMONT (Rémy de). Le Chemin de velours, nouvelles dissociations d'idées. *Paris, Mercure de France,* 1902, in-12, dos et coins mar. noir, dos mosaïqué à froid de 5 bandes de mar. bleu serties à froid, têt. dor., non rogné, couverture (*Kieffer*).

> Edition originale.
> Un des **7** exemplaires imprimés sur **papier de Hollande**.

552. GOURMONT (Rémy de). Epilogues, réflexions sur la vie, 1895-1898. — Epilogues. Deuxième série, 1899-1901. — Epilogues. Volume complémentaire, 1905-1912. *Paris, Mercure de France,* 1903-1913. Ens. 3 vol. in-12, dos et coins mar. noir, dos mosaïqué de quatre bandes de mar. blanc serties à froid, têt. dor., non rognés, couvertures (*Kieffer*).

ÉDITIONS ORIGINALES.

Exemplaires imprimés sur **papier de Hollande**; tiré à 7 exempl. pour les séries I et II et à 21 exempl. pour la dernière série.

553. GOURMONT (Rémy de). Dialogues des amateurs 1905-1907. Epilogues, IVᵉ série. *Paris, Mercure de France,* 1907. — Nouveaux Dialogues des amateurs. Epilogues, Vᵉ série. *Ibid., id.,* 1910, 2 vol. in-12, dos et coins de mar. noir, dos ornés de bandes mosaïquées en mar. parme serties à froid, têt. dor., non rognés, couvertures (*Kieffer*).

ÉDITIONS ORIGINALES.

554. GOURMONT (Rémy de). Promenades philosophiques. 1ʳᵉ, 2ᵉ, 3ᵉ séries. *Paris, Mercure de France,* 1905-1909, 3 vol. in-12, dos et coins mar. noir, dos mosaïqué de 3 bandes de mar. rouge foncé serties à froid, têt. dor., non rognés, couvertures (*Kieffer.*)

ÉDITIONS ORIGINALES.

555. GOURMONT (Rémy de). Une Nuit au Luxembourg. *Paris, Mercure de France,* 1906, in-12, dos et coins de mar. noir, dos mosaïqué en long de quatre bandes de mar. beige serties à froid, têt. dor., non rogné, couverture (*Kieffer*).

ÉDITION ORIGINALE.
Envoi autographe de l'auteur à Louis Denise.

556. GOURMONT (Rémy de). Le Chat de misère. *Paris,*

Société des Trente, A. Messein, 1912, pet. in-8, dos et coins mar. noir, dos mosaïqué à froid de 3 bandes de mar. vert serties à froid, têt. dor., non rogné, couverture (*Kieffer*).

EDITION ORIGINALE.
Un des **20** exemplaires imprimés sur **papier du Japon.**

557. GOURMONT (Rémy de). Promenades littéraires. Cinquième série. *Paris, Mercure de France*, 1913, in-12, dos et coins mar. noir, dos mosaïqué à froid de 4 bandes de mar. vieux rose serties à froid, têt. dor., non rogné, couverture (*Kieffer*).

EDITION ORIGINALE.
Un des **43** exemplaires imprimés sur **papier de Hollande.**

558. GOURMONT (Rémy de). Divertissements, poèmes en vers. *Paris, Mercure de France*, 1914, in-12, dos et coins de mar. noir, dos orné de bandes mosaïquées en mar. citron serties à froid, tête dor., non rogné, couverture (*Kieffer*).

Un des **45** exemplaires imprimés sur **papier de Hollande.**

559. GOZLAN (Léon). La Comédie des Comédiens. *Paris, Lecou*, 1853. — Balzac chez lui. Souvenirs des Jardies. *Michel Lévy frères*, 1862. Ens. 2 vol. in-12, brochés.

EDITIONS ORIGINALES.

560, GREGH (Fernand). La Beauté de vivre. *Paris, Calmann Lévy, s. d.* (1900), in-12, broché.

EDITION ORIGINALE.
Un des **25** exemplaires imprimés sur **papier de Hollande.**

561. GREGH (Fernand). L'Or des Minutes, poésies. *Paris, Fasquelle*, 1905, in-12, broché.

EDITION ORIGINALE.
Un des **20** exemplaires imprimés sur **papier de Hollande.**

562. GREGH (Fernand). La Couronne douloureuse,. poèmes. *Paris, Fasquelle,* 1917, in-12, broché.

> ÉDITION ORIGINALE.
> Un des **5** exemplaires imprimés sur **papier du Japon**.

563. GUÉRIN (Charles). Le Cœur Solitaire. *Paris, Mercure de France,* 1898, in-12, broché.

> ÉDITION ORIGINALE.
> Un des **13** exemplaires imprimés sur **papier de Hollande**
> auquel on a ajouté :
> 1° — *Une pièce de vers autographe* de Charles Guérin, parue
> en 1898 dans le *Mercure de France.*
> 2° — *Une courte lettre autographe.*
> 3° — Le compte rendu du livre par Pierre Quillard, auto-
> graphe de 1 page 1/2.

564. GUÉRIN (Charles). L'Homme intérieur, 1901-1905. *Paris, Mercure de France,* 1905, in-12, broché.

> ÉDITION ORIGINALE.
> *Envoi autographe* de l'auteur à Jules Claretie.

565. GUÉRIN (Maurice de). Reliquiæ, publié par G. S. Trebutien, avec une étude biographique et littéraire par M' Sainte-Beuve, de l'Académie française. *Paris, Didier et C*, 1861, 2 vol. in-16, demi-rel. veau brun, têt. dor., non rognés (*Rel. de l'époque*).

> ÉDITION ORIGINALE.
> Exemplaire imprimé sur papier vergé.

566. HENNIQUE (L.) et HUŸSMANS (J.-K.). Pierrot sceptique, pantomime. *Paris, Rouveyre,* 1881, plaq. in-8, brochée.

> ÉDITION ORIGINALE, illustrée par *Jules Chéret;* elle a été tirée à
> 312 exemplaires.
> Un des **46** exemplaires imprimés sur **Japon fort.**

567. **HEREDIA** (José-Maria de). Les Trophées. *Paris,. Lemerre,* 1893, gr. in-8, mar. rouge, double encadr. de

filets dor., ornements d'angle formés de rinceaux, rosaces
et points dor., fleurons, dos orné, doublé de mar. vert
bleu, cadre de fil., pointillé, feuillages aux angles,
doubles gardes, tr. dor. sur témoins, couverture, étui
(*L. Pouillet*).

> ÉDITION ORIGINALE.
> Un des **50** exemplaires imprimés sur **papier du Japon.**
> Sur le faux titre *envoi autographe* de l'auteur.

568. HIRSCH (Charles-Henry). Le Tigre et Coquelicot.
Paris, Librairie Universelle, 1905, in-12, broché.

> ÉDITION ORIGINALE, ornée de nombreuses illustrations en marge
> et hors texte par *Aug. Leymarie.*
> Un des **30** exemplaires imprimés sur **papier du Japon** auquel
> on a joint la couverture illustrée en couleur des exemplaires
> ordinaires.

569. HOLMER (Lucien). Le Second volume des Chants
perdus. Les Offrandes. Les Épigrammes. Les Messages.
Les Appels. *Paris, Mercure de France,* 1911, in-12,
broché.

> ÉDITION ORIGINALE.
> Un des **7** exemplaires imprimés sur **papier de Hollande.**

570. HUMILIS [Germain Nouveau]. Les Poèmes d'Humilis.
Collection de « La Poétique », 1910, pet. in-4, broché.

> Edition collective, EN PARTIE ORIGINALE, précédée d'une allo-
> cution de M. Mᵐᵉ de Saint-Chamarand, suivie d'une étude de
> Léonce de Larmandie, et enrichie de quatre compositions
> inédites d'*Auguste Rodin.* Elle a été éditée, en souscription, par
> les soins de la revue « La Poétique » et tirée à petit nombre.

571. HUŸSMANS (J.-K.). Marthe, histoire d'une fille.
Avec une eau-forte impressionniste de J.-L. Forain, *Paris,
Derveaux,* 1879, in-12, dos et coins mar. vert, dos orné de
caissons dor., têt. dor., non rogné, couverture (*Kieffer*).

> PREMIÈRE ÉDITION FRANÇAISE.

572. HUŸSMANS (J.-K.). Croquis parisiens, Eaux-fortes de Forain et Raffaelli. *Paris, Vaton,* 1880, in-8, mar. vert foncé, jans., doublé de mar. chaudron, décoré autour d'un rectangle central de compart. de larges fil. de mar. bleu sertis de fil. dorés, chacun renfermant une rosace, doubles gardes, têt. dor., non rogné, couverture (*Kieffer*).

> EDITION ORIGINALE.
> Un des **20** exemplaires imprimés sur **papier Whatman** contenant les eaux-fortes en DEUX ÉTATS : sur papier blanc et sur Japon mince, plus les 2 planches refusées également en deux états.
> On y a ajouté une épreuve sur Chine pour 4 d'entre les eaux-fortes, et à la fin, une planche de *Forain* non utilisée (en un seul état).

573. HUŸSMANS (J.-K.). A Vau-l'eau, eau-forte de Am. Lynen. *Bruxelles, H. Kistemaeckers,* 1882, in-18, mar. vert jans., dent. int., tête dor., non rogné (*Couvert.*).

> EDITION ORIGINALE.
> Un des **10** exemplaires imprimés sur **papier du Japon,** auquel on a ajouté :
> 1° — *Une lettre autographe* de J.-K. Huysmans datée du 27 février 1882, s'excusant auprès d'un ami de ne pouvoir lui envoyer un exemplaire d'*A Vau-l'eau,* cet ouvrage étant épuisé chez son éditeur.
> 2° — Un billet autographe d'Henri Boutet, adressé à Lucien Descaves, relatif à des projets d'illustration de *A Vau-l'eau.*

574. HUŸSMANS (J.-K). L'Art moderne. *Paris, Charpentier,* 1883, in-12, dos et coins mar. violet foncé, têt. dor., non rogné, couverture (*Kieffer*).

> EDITION ORIGINALE.

575. HUŸSMANS (J.-K.). A Rebours. *Paris, Charpentier et C*ⁱᵉ, 1884, in-12, dos et coins de mar. rouge, fil., tête dor., non rogné, couverture (*Durvand*).

> EDITION ORIGINALE.

576. HUYSMANS (J.-K.). Certains : G. Moreau. Degas.

Chéret. Wisthler. Rops. Le Monstre. Le Fer, etc. *Paris,. Tresse et Stock,* 1889, in-12, en feuilles dans un étui.

> EDITION ORIGINALE.
> Exemplaire préparé pour la reliure, c'est un des 15 impri--més sur **papier du Japon.**
> Sur le faux titre, *envoi autographe* de l'auteur au docteur P. Marie.

577. HUYSMANS (J.-K.). Là-Bas. *Paris, Tresse & Stock,* 1891, in-12, dos et coins de mar. rouge, tête dor., non. rogné, couverture (*Durvand*).

> EDITION ORIGINALE.

578. HUYSMANS (J.-K.). En Route. *Paris, Tresse et Stock,* 1895, in-12, dos et coins mar. noir, dos orné de caissons dor., têt. dor., non rogné, couverture (*Kieffer*).

> EDITION ORIGINALE.
> Un des **50** exemplaires imprimés sur **papier de Hollande.**

579. HUYSMANS (J.-K.). La Cathédrale. *Paris, Stock,.* 1898, in-12, dos et coins de mar. brun, tête dor., non rogné, couverture (*Canape*).

> EDITION ORIGINALE ornée d'un portrait inédit à l'eau-forte de l'auteur par *E. Delatre,* et d'un frontispice en couleurs de *Pierre Roche,* sur parchemin églomisé.
> Un des **10** exemplaires imprimés sur **papier de Chine.**

580. HUYSMANS (J.-K.). La Bièvre et Saint-Séverin. *Paris, Stock,* 1898, in-12, mar. noir, milieu formé d'une corbeille de roses rouges mosaïquée sur médaillon de mar. vert, titre sur mar. vert, 2 fil. int. au pointillé, motifs. d'angles, tête dor., non rogné, couverture (*Kieffer*).

> EDITION EN PARTIE ORIGINALE.
> Un des **10** exemplaires imprimés sur **papier du Japon.**

581. HUYSMANS (J.-K.). Sainte Lydwine de Schiedam. *Paris, Stock,* 1901, pet. in-4, dos et coins mar. violet,

dos orné de caissons dor., tête dor., non rogné, couverture (*Kieffer*).

EDITION ORIGINALE.

582. HUYSMANS (J.-K.). L'Oblat. *Paris, Stock*, 1903, in-12, en feuilles dans un étui.

EDITION ORIGINALE.
Exemplaire imprimé sur **papier de Hollande**, pour Emile-Paul, libraire-éditeur, et préparé pour la reliure.

583. JACOBUS X (Docteur). L'Amour aux colonies. *Paris, Liseux*, 1893, in-8, broché.

EDITION ORIGINALE.
Tirage unique à 330 exemplaires sur papier de Hollande.

584. JAMMES (Francis). Six Sonnets, 1891. *Orthez, Typographie J. Goude-Dumesnil*, 1891, plaquette in-8 de 7 pag. y compris le titre, brochée sous couverture imp.

EDITION ORIGINALE, rare.

585. JAMMES (Francis). Vers. *Paris, Ollendorff*, 1894, in-12 carré, broché.

Edition très rare dont les deux premières parties sont ORIGINALES; seule la troisième partie, qui comprend vingt et une pièces, avait été imprimée en 1893 et tirée à 50 exemplaires.

586. JAMMES (Francis). Un Jour. *Paris, Mercure de France*, 1895, in-8 carré, broché.

EDITION ORIGINALE, tirée à 319 exemplaires ; celui-ci- est un des 10 imprimés sur **papier du Japon**.

587. JAMMES (Francis). La Jeune fille nue, poésie. *Paris, L'Ermitage*, 1899, plaquette gr. in-16 de 24 pages, brochée.

EDITION ORIGINALE, tirée à 145 exemplaires.
Un des **20** exemplaires imprimés sur **papier de Hollande**.

588. JAMMES (Francis). Pomme d'Anis, ou l'histoire d'une jeune fille infirme. *Paris, Mercure de France*, 1904, pet. in-16, broché.

EDITION ORIGINALE.

589. JAMMES (Francis). Rayons de miel, églogues. *Paris, Bibliothèque de l'Occident*, 1908, gr. in-8, broché.

EDITION ORIGINALE.
Un des 25 exemplaires imprimés sur **papier de Hollande**.

590. JAMMES (Francis). Ma Fille Bernadette. *Paris, Mercure de France*, 1910, in-12, broché.

EDITION ORIGINALE.

591. JAMMES (Francis). Les Géorgiques chrétiennes. Chants I à VII. *Paris, Mercure de France*, 1911-1912, 3 vol. pet. in-8. brochés.

EDITION ORIGINALE.
Exemplaires imprimés sur **papier de Hollande**.

592. JAMMES (Francis). Feuilles dans le vent. *Paris, Mercure de France*, 1913, in-12, broché.

EDITION EN PARTIE ORIGINALE.
Un des 3 exemplaires imprimés sur **papier de Chine**.

593. JAMMES (Francis). Cinq prières pour le temps de la guerre. *Paris, Libr. de l'Art catholique*, 1916, pet. in-16, broché.

EDITION ORIGINALE.
Un des 15 exemplaires imprimés sur **papier (du Japon) de Shidzuoka**.

594. JANIN (Jules). L'Amour des Livres. *Paris, Miard*, 1866, pet. in-12, papier vergé, mar. bleu, fil., dos orné,

doublé de mar. citron, large dent. xviii⁰ siècle formant encadr., doubles gardes, tr. dor. (*Reymann*).

ÉDITION ORIGINALE, tirée à 204 exemplaires ; celui-ci, auquel on a ajouté *une lettre autographe* de l'auteur et un billet de l'éditeur, provient de la bibliothèque de Charles Cousin.

595. JARRY (Alfred). César Antechrist. *Paris, Mercure de France*, 1895, in-16, papier vergé, broché.

ÉDITION ORIGINALE, tirée à 215 exemplaires.
Envoi autographe de l'auteur à Louis Denise.

596. JARRY (Alfred). Ubu Roi. drame en cinq actes en prose, restitué en son intégrité tel qu'il a été représenté par les marionnettes du Théâtre des Phynances en 1888. *Paris, Mercure de France*, 1896, pet. in-18, cartonn. demi-vélin blanc, plats de papier vert, titre au dos à l'encre rouge, non rogné (*Couvert.*).

ÉDITION ORIGINALE.
Exemplaire de l'auteur imprimé sur **papier du Japon**, non numéroté (le tirage numéroté a été de 5 exempl.).
Curieux exemplaire relié par Alfred Jarry.

597. JARRY (Alfred). Les Minutes de Sable, mémorial. *Paris, Mercure de France*, 1896, in-16, papier vergé, broché.

ÉDITION ORIGINALE, tirée à 216 exemplaires ; celui-ci porte un *envoi autographe* de l'auteur à Louis Denise.

598. JARRY (Alfred). Les Jours et les Nuits, roman d'un déserteur. *Paris, Mercure de France*, 1897, in-12, cartonn. papier, non rogné.

ÉDITION ORIGINALE.
Un des **12** exemplaires imprimés sur **papier de Hollande**, dans un cartonnage d'attente exécuté par l'auteur du livre.

599. JARRY (Alfred). L'Amour en visites. *Paris, Fort*, 1898, in-12, broché.

ÉDITION ORIGINALE.

6oo. JOURDAIN (Frantz). Beaumignon. *Paris, Jules Lévy,*
1886, in-12, dos et coins de mar. vert, fil., dos orné et
mosaïqué, tête dor., non rogné, couverture (*Durvand*).

> EDITION ORIGINALE.
> Exemplaire imprimé sur **papier du Japon** portant, sur le
> faux titre un *envoi autographe* de l'auteur à Edmond de Gon-
> court, et auquel on a joint un alinéa autographe de Jourdain,
> pris dans un chapitre de ces études et relatif à l'amitié d'Edm.
> et J. de Goncourt (*Une Visite à Auteuil,* page 8o).

6oi. KAHN (Gustave). Les Palais nomades. *Paris, Tresse
et Stock,* 1887, gr. in-8, mar. violet, milieux et coins ornés de plaques de veau marb. vert foncé portant des
motifs dor. et serties de fil. et pointillé, bordure ornée à
l'int., têt. dor., non rogné, couverture (*Kieffer*).

> EDITION ORIGINALE.
> *Envoi autographe* de l'auteur à Oscar Méténier.
> Petites cassures au second plat de la couverture.

6o2. KAHN (Gustave). La Pluie et le beau temps. *Paris,
Vanier,* 1896, in-12, dos et coins mar. vieux rose, dos
orné à froid, têt. dor., non rogné, couverture (*Kieffer*).

> EDITION ORIGINALE.

6o3. KAHN (Gustave). Limbes de lumières. *Bruxelles,
Deman,* 1897, in-8, ornements sur bois, mar. violet,
décor de palmes grises et mauves au centre et aux angles
et double fil. dor. formant médaillon et encadr., bordure
ornée à l'int., têt. dor., non rogné, couverture (*Kieffer*).

> EDITION ORIGINALE.
> Un des **10** exemplaires imprimés sur **papier de Hollande.**

6o4. KAHN (Gustave). Le Livre d'images. *Paris, Mercure
de France,* 1897, in-12, mar. gris, encadr. de fil. et compart. dor., dos orné de même ; à l'int., cadre de mar.
avec fil., point et corolles aux angles, doublé et gardes

de faille noire, doubles gardes, têt. dor., non rogné,
couverture, étui (*Kieffer*).

Édition originale de ce volume de vers.
Un des 12 exemplaires imprimés sur **papier de Hollande**.

605. KAHN (Gustave). Le Conte de l'Or et du Silence.
Paris, Mercure de France, 1898, in-12, mar. rouge
garance, les plats ornés en haut et dans le bas d'une décoration de style oriental dont les motifs répétés sont formés
d'alvéoles dor. sur fond mosaïqué de mar bleu, dos orné
de ce même motif; 3 fil. dor. sur encadr. de mar. à l'int.,
doublé et gardes de soie tissée de fils d'or, doubles gardes.
têt. dor.. non rogné, couverture, étui (*Kieffer*).

Édition originale.
Un des 12 exemplaires imprimés sur **papier de Hollande**.

606. LAFORGUE (Jules). Les Complaintes. *Paris, Vanier,*
1885, in-12, broché.

Édition originale; la couverture est fraîche, ce qui est rare.

607. LA JEUNESSE (Ernest). L'Imitation de notre maître
Napoléon. *Paris, Fasquelle,* 1897, in-12, mar. vert,
encadr. à la grecque, miniature représentant Napoléon
encastrée au milieu du premier plat, dos orné, dent. int.,
doubl. et gardes de moire verte, tr. dor. sur témoins,
couverture (*Pagnant*).

Édition originale.
Un des 10 exemplaires imprimés sur **papier de Hollande**. Il
porte sur le faux titre *un long envoi autographe* de l'auteur à
Catulle Mendès et il est enrichi de **nombreux dessins** ou croquis
originaux d'Ernest La Jeunesse exécutés sur la couverture et
dans les marges, soit à la plume, soit aux crayons de couleurs.

608. LAPRADE (Victor de). Poèmes civiques. *Paris,*
Didier et Cie, 1873, in-8, papier vergé, broché.

Édition originale.

609. LAVEDAN (Henri). Le Bon temps, roman. *Paris, Ollendorff,* 1906, in-12, dos et coins de mar. parme, fil., dos orné et mosaïqué, têt. dor., non rogné, couverture (*Stroobants*).

    Edition originale.
    Un des **10** exemplaires imprimés sur papier du Japon.

610. LE CARDONNEL (Louis). Poèmes. *Paris, Mercure de France,* 1904, in-12, broché.

    Edition originale.
    Un des **19** exemplaires imprimés sur papier de Hollande.
    Envoi autographe de l'auteur à Louis Denise « son ami d'autrefois et de toujours ».

611. LE CARDONNEL (Louis). Carmina sacra. *Paris, Mercure de France,* 1912, in-12, broché.

    Edition originale.
    Un des **9** exemplaires imprimés sur papier du Japon.

612. LEMAITRE (Jules). Corneille et la poétique d'Aristote. *Paris, Lecène et Oudin,* 1888, in-12, broché.

    Edition originale.

613. LEMAITRE (Jules). Jean Racine. *Paris, Calmann-Lévy, s. d.* (1908), in-12, en feuilles, sous une enveloppe avec étui.

    Edition originale.
    Un des **30** exemplaires imprimés sur papier du Japon.

614. LEMAITRE (Jules). Fénelon. *Paris, Fayard,* 1910, in-12, broché.

    Edition originale.
    Un des **40** exemplaires imprimés sur papier de Hollande.

615. LEMAITRE (Jules). Chateaubriand. *Paris, Calmann-Lévy, s. d.* (1912), in-12, broché.

    Edition originale.
    Un des **30** exemplaires imprimés sur papier du Japon.

616. LEMOYNE (André). Poésies. 1855-1870 (Les Char-
meuses. Les Roses d'antan). *Paris, Lemerre,* 1871, pet.
in-12, port., mar. rouge clair, 3 fil. dor., dos orné,
dent. int., tr. dor. (*Chambolle-Duru*).

> Première édition de ces ouvrages réunis.
> Un des 20 exemplaires imprimés sur **papier Whatman** conte-
> nant deux états du portrait AVANT la lettre : en bistre et en noir
> sur Chine.

617. LOMBARD (Jean). Adel. La Révolte future, poème.
Préface critique de Théodore Jean. *Paris, Vanier,* 1888,
in-12, dos et coins mar. citron, dos orné, têt. dor., non
rogné, couverture (*Kieffer*).

> ÉDITION ORIGINALE.
> Angle refait au second plat de la couverture.

618. LORRAIN (Jean). Modernités. *Paris, Giraud et C*^{ie},
1885, in-12, dos et coins mar. rouge, dos orné à froid,
têt. dor., non rogné, couverture (*Kieffer*).

> ÉDITION ORIGINALE de ce volume de vers.

619. LORRAIN (Jean). Buveurs d'âmes. *Paris, Charpentier et Fasquelle,* 1893, in-12, dos et coins mar. citron,
dos orné à froid, têt. dor., non rogné, couverture
(*Kieffer*).

> ÉDITION ORIGINALE.
> Un des quelques exemplaires imprimés sur **papier de
> Hollande.**

620. LORRAIN (Jean). Madame Baringhel. *Paris, Fayard,*
s. d. (1899), in-12, dos et coins mar. gris, dos orné à
froid, têt. dor., non rogné, couverture (*Kieffer*).

> ÉDITION ORIGINALE.
> Exemplaire imprimé sur **papier bleu.**

621. LORRAIN (Jean). Histoire de Masques. Préface de
Gustave Coquiot. *Paris, Ollendorff,* 1900, in-12, dos et

coins mar. jaune éteint, dos orné à froid, têt. dor., non rogné, couverture (*Kieffer*).

EDITION ORIGINALE.
Envoi autographe de l'auteur à Roger-Milès.

622. LORRAIN (Jean). La Maison Philibert. Illustrations de George Bottini. *Paris, Librairie Universelle,* 1904, in-8, fig. en couleurs et vign. en noir dans le texte, dos et coins mar. gris, dos orné à froid, têt. dor., non rogné, couverture (*Kieffer*).

EDITION ORIGINALE.
Un des 25 exemplaires imprimés sur **papier vergé**.

623. LORRAIN (Jean). Maison pour Dames. *Paris, Ollendorff,* 1908, in-12, dos et coins mar. vieux rose, dos orné à froid, têt. dor., non rogné, couverture (*Kieffer*).

EDITION ORIGINALE.
Un des **12** exemplaires imprimés sur **papier de Hollande**.

624. LORRAIN (Jean). Du Temps que les bêtes parlaient. Portraits littéraires et mondains. Préface de Paul Adam. *Paris, Editions du Courrier français, s. d.* (1911), in-12, dos et coins mar. La Vall. clair, dos orné à froid, têt. dor., non rogné, couverture (*Kieffer*).

Un des **10** exemplaires imprimés sur **papier de Hollande**.

625. LOTI (Pierre). Aziyadé. Stamboul 1876-1877. Extrait des notes et lettres d'un lieutenant de la Marine anglaise entré au service de la Turquie le 16 mai 1876, tué sous les murs de Kars, le 27 octobre 1877. *Paris, Calmann Lévy,* 1879, in-12, mar. vert, compart. de fil. avec motifs fers xviiie, dos orné, dent. int., doubl. et gardes de taffetas broché à fleurettes, doubles gardes, tr. dor. sur témoins, couverture, étui (*Chambolle-Duru*).

EDITION ORIGINALE avec la première couverture ; portrait ajouté.

626. LOTI (Pierre). Le Mariage de Loti. Rarahu, par
l'auteur d'Aziyadé. *Paris, Calmann Lévy*, 1880, in-12,
dos et coins de mar. gris, fil., tête dor., non rogné, couverture (*David*).

> EDITION ORIGINALE.
> Sur le faux titre :
> > *A Madame R. Duplais, hommage affectueux.*
> > J. VIAUD.
> *Lettre autographe* de l'auteur ajoutée, annonçant l'envoi d'une
> nouvelle au directeur d'une publication (2 pp. in-12).

627. LOTI (Pierre). Le Roman d'un spahi. *Paris, Calmann
Lévy*, 1881, in-12, dos et coins mar. rouge, dos orné
de feuillages et fleurs dor. sur rectangles de mar. noir,
têt. dor., non rogné, couverture (*Kieffer*).

> EDITION ORIGINALE.
> Légère déchirure au bas de la couverture qui est un peu
> défraîchie.

628. **LOTI** (Pierre). Mon Frère Yves. *Paris, Calmann Lévy*,
1883, in-12, dos et coins mar. grenat, dos orné de
feuillages et de fleurs dor. sur rectangle de mar. noir,
têt. dor., non rogné, couverture (*Kieffer*).

> EDITION ORIGINALE.
> Un des 20 exemplaires imprimés sur **papier de Hollande**.

629. LOTI (Pierre). Pêcheur d'Islande, roman. *Paris,
Calmann Lévy*, 1886, in-12, dos et coins de mar. bleu,
fil., dos orné, tête dor., non rogné (*Champs*).

> EDITION ORIGINALE.

630. LOTI (Pierre). Ramuntcho. *Paris, Calmann Lévy*,
1897, in-12, dos et coins mar. beige foncé, dos orné de
feuillages et de fleurs dor. sur rectangles de mar. noir,
têt. dor., non rogné, couverture (*Kieffer*).

> EDITION ORIGINALE.
> Un des 75 exemplaires imprimés sur **papier de Hollande**.

631. LOTI (Pierre). Vers Ispahan. *Paris, Calmann-Lévy,
s. d.* (1904), in-12, dos et coins mar. beige, dos orné de
feuillages et de fleurs dor. sur rectangles de mar. noir,
têt. dor., non rogné, couverture (*Kieffer*).

> EDITION ORIGINALE.
> Sur le faux titre :
>> *Au maître Camille Saint-Saëns
>> avec ma plus sympathique admiration*
>> PIERRE LOTI.

632. LOTI (Pierre). Les Désenchantées. *Paris, Calmann-
Lévy, s. d.* (1906), in-12, dos et coins mar. vert foncé,
dos orné de feuillages et de fleurs dor. sur rectangles de
mar. noir, tête dor., non rogné, couverture (*Kieffer*).

> EDITION ORIGINALE.
> Un des 25 exemplaires imprimés sur **papier du Japon**.

633. LOTI (Pierre). Un Pèlerin d'Angkor. *Paris, Calmann-
Lévy, s. d.* (1912), in-12, dos et coins de mar. bleu, fil.,
dos orné et mosaïqué, tête dor., non rogné, couverture
(*Kieffer*).

> EDITION ORIGINALE.
> Un des 25 exemplaires imprimés sur **papier du Japon**.

634. MAETERLINCK (Maurice). Alladine et Palomides ;
Intérieur ; et la Mort de Tintagiles ; trois petits drames
pour marionnettes. *Bruxelles, Deman,* 1894, in-16, mar.
gris perle, caissons de marguerites blanches avec feuilles
mosaïquées en vert foncé, dos orné et mosaïqué, doubl.
de mar. héliotrope, filet doré, gardes de tabis violet,
doubles gardes, tranches dor. sur témoins, couverture,
étui (*Noulhac*).

> EDITION ORIGINALE. Jolie reliure.
> Un des 6 exemplaires imprimés sur **papier du Japon**.

635. MAETERLINCK (Maurice). L'Intelligence des fleurs.
Paris, Fasquelle, 1907, in-12, mar. gris, compart. de fil.,

plats couverts de roses, capucines et violettes mosaïquées, dos orné de violettes mosaïquées ; à l'int. large bande de mar. gris, fil. et fleur. d'angles ; doubl. de soie brochée, tête dor., non rogné, couverture, étui (*Kieffer*).

EDITION ORIGINALE.
Un des 45 exemplaires imprimés sur **papier de Hollande**.
Jolie reliure.

636. MAETERLINCK (Maurice). L'Hôte inconnu. *Paris, Fasquelle*, 1917, in-12, broché.

EDITION ORIGINALE.
Un des 80 exemplaires imprimés sur **papier de Hollande**.

637. MALLARMÉ (Stéphane). Les Poèmes d'Edgar Poe, traduction en prose de Stéphane Mallarmé, avec portrait et illustrations par Edouard Manet. *Paris, Vanier*, 1889, in-8, broché.

638. MALLARMÉ (Stéphane). Pages. Avec un frontispice à l'eau-forte par Renoir. *Bruxelles, Deman,* 1891, gr. in-8, papier de Hollande, dos et coins de mar. vert, non rogné, couvert. (*Dodé*).

639. MARC (Gabriel). Poèmes d'Auvergne. *Paris, Charpentier*, 1882, in-12, dos et coins mar. vert, fil., dos orné et mosaïqué, têt. dor., non rogné, couverture (*Lanoë*).

EDITION ORIGINALE.
Exemplaire imprimé sur **papier de Hollande**, offert à Henry Houssaye par un *envoi autographe* de l'auteur.

640. MARTINEAU (René). Tristan Corbière. Essai de biographie et de bibliographie, avec deux portraits de Tristan Corbière. *Paris, Mercure de France*, 1904, in-12, dos et coins de mar. vert olive, fil., dos orné, tête dor., non rogné, couverture (*Kieffer*).

EDITION ORIGINALE.
Un des 10 exemplaires imprimés sur **papier jonquille**.

641. MAUCLAIR (Camille). Le Soleil des Morts. *Paris,*
Ollendorff, 1898, in-12, broché.

> EDITION ORIGINALE.
> **Papier de Hollande.**

642. MAUCLAIR (Camille). Les Mères sociales. *Paris,*
Ollendorff, 1902, in-12, broché.

> EDITION ORIGINALE.
> Un des 5 exemplaires imprimés sur papier de Hollande.

643. MAURRAS (Charles). Anthinea. D'Athènes à Florence. *Paris, Juven, s. d.* (1901), in-12, broché.

> EDITION ORIGINALE.

644. MEILHAC et HALÉVY. Théâtre. *Paris, Calmann-*
Lévy, s. d. (1899-1902), 8 vol. in-12, dos et coins mar.
vert, dos ornés de compart. de pointillé et d'un masque
dor., têt. dor.. non rognés, couvertures (*Kieffer*).

> PREMIÈRE ÉDITION COLLECTIVE.
> Un des 50 exemplaires imprimés sur papier de Hollande.

645. MÉNARD (Louis). Du Polythéisme hellénique. *Paris,*
Charpentier, 1863, in-12, dos et coins mar. rouge foncé,
dos orné, têt. dor., non rogné (*Kieffer*).

> EDITION ORIGINALE.

646. MÉNARD (Louis). Poèmes et Rêveries d'un Paien
mistiqe. *Paris, Libr. de l'Art Indépendant,* 1895, in-12,
dos et coins mar. brun, dos orné, têt. dor., non rogné,
couverture (*Kieffer*).

> EDITION EN PARTIE ORIGINALE, publiée avec l'orthographe sim-
> plifiée adoptée par l'auteur ; elle contient, dans les pages déjà
> publiées, quelques passages rétablis qui avaient été interdits
> par la censure.

647. MENDÈS (Catulle). Le Roman d'une Nuit, comédie,

avec une eau-forte de Félicien Rops. *Paris, H. Doucé,*
1883, plaquette in-12; pap. vergé, dos et coins de veau
fauve, fil., tête dor., non rogné, couverture (*Guétant*).

EDITION ORIGINALE.

648. MENDÈS (Catulle). L'Homme orchestre. Avec des
images de Lucien Métivet. *Paris, Ollendorff,* 1896, gr.
in-16, broché.

> EDITION ORIGINALE.
> Un des **25** exemplaires imprimés sur **papier vélin** contenant
> une suite des planches hors texte, coloriées à l'aquarelle par
> l'illustrateur.

649. MÉRAT (Albert). Les Chimères. *Paris, Achille Faure,*
1866, in-12, mar. La Vall. jans. ; à l'int., bord. de mar.
orné de 6 fil. dor., têt. dor., non rogné (*Marius-Michel*).

> EDITION ORIGINALE.
> *Hommage autographe* de l'auteur à M. Xavier Aubryet.
> La couverture est reliée à la fin du volume.

650. MERCIER (Louis). Poèmes de la tranchée. *Lyon, Lar-
danchet,* 1916, in-16, broché.

> EDITION ORIGINALE.
> Un des **25** exemplaires imprimés sur **vieux Japon.**

651. MERRILL (Stuart). Poèmes (1887-1897). Les Gammes.
— Les Fastes. — Petits poèmes d'automne. — Le Jeu
des épées. *Paris, Mercure de France,* 1897, in-12, broché.

> EDITION EN PARTIE ORIGINALE.
> Un des **12** exemplaires imprimés sur **papier de Hollande.**

652. MICHELET (Jules). Les Femmes de la Révolution.
Paris, Delahays, 1854. — L'Insecte, *Hachette et Cie,*
1858. — L'Amour. *Hachette et Cie,* 1858. Ens. 3 vol.
in-12, brochés.

> EDITIONS ORIGINALES.

653. MIKHAEL (Ephraïm). L'Automne (*Paris*), 1886, plaquette in-8, brochée.

EDITION ORIGINALE.

654. MILOSZ (O.-W.). Le Poème des décadences. *Paris, Girard et Villerelle,* 1899, in-16, broché.

EDITION ORIGINALE (exempl. n° 117 sur papier teinté).
Hommage autographe de l'auteur à Henry Bataille.

655. MIOMANDRE (Francis de). Le Veau d'or et la Vache enragée. *Paris, Emile-Paul frères,* 1917, in-12, broché.

EDITION ORIGINALE.
Un des **30** exemplaires imprimés sur **papier de Hollande.**

656. **MIRBEAU** (Octave). Le Calvaire. *Paris, Ollendorff,* 1887, in-12 demi-rel. mar. bleu, poli, tête dor., non rogné, couverture (*Franz*).

EDITION ORIGINALE.
Un des 10 exemplaires imprimés sur **papier de Hollande** portant sur le faux titre l'envoi suivant :

A Jules Claretie
Cher ami
Voulez-vous accepter cet exemplaire sur Hollande du Calvaire ? Il n'a pas d'autre mérite que d'être introuvable. Et je serai très fier qu'il prenne place dans votre belle bibliothèque. Vous voyez que je suis un affreux intrigant... un intrigant qui vous aime bien.
OCTAVE MIRBEAU.
26 janvier 1904.

657. MIRBEAU (Octave). Sébastien Roch, roman de mœurs. *Paris, Charpentier et C*ⁱᵉ, 1890, in-12, dos et coins de mar. tête de nègre, fil., dos orné et mosaïqué, tête dor., non rogné, couverture (*Kieffer*).

EDITION ORIGINALE.
Un des **25** exemplaires imprimés sur **papier de Hollande.**

658. MIRBEAU (Octave). Le Jardin des supplices. Avec un dessin en couleur de Auguste Rodin imprimé par

A. Clot. *Paris, Fasquelle*, 1899, in-8, dos et coins de mar. tête de nègre, dos orné de compart. de mar. vert et de fil. dor., tête dor., non rogné, couverture (*Kieffer*).

ÉDITION ORIGINALE.
Un des **150** exemplaires imprimés sur **vélin de cuve**, texte réimposé.

659. MIRBEAU (Octave). Le Journal d'une Femme de chambre. *Paris, Fasquelle*, 1900, gr. in-8, texte réimposé, dos et coins mar. vert clair, dos orné et mosaïqué, têt. dor., non rogné, couverture (*Kieffer*).

ÉDITION ORIGINALE.
Un des **200** exemplaires tirés de format in-8 raisin sur **papier vélin** d'Arches.

660. MIRBEAU (Octave). La 628-E8. Croquis marginaux de Pierre Bonnard. *Paris, Fasquelle*, 1908, pet. in-4, dos et coins mar. rouge clair, dos orné de fil. dor. et mosaïqué d'un rectangle de mar. bleu foncé, têt. dor., non rogné, couverture (*Kieffer*).

ÉDITION ORIGINALE réimposée pet. in-4 et tirée à 225 exemplaires ; celui-ci est un des 200 sur papier vélin d'Arches.

661. MIRBEAU (Octave). Dingo. *Paris, Fasquelle*, 1913, gr. in-8, texte réimposé, dos et coins de mar. rouge clair, dos orné et mosaïqué, têt. dor., non rogné, couverture (*Kieffer*).

ÉDITION ORIGINALE.
Un des **150** exemplaires tirés de format in-8 raisin, sur **papier de Hollande**.

662. MOCKEL (Albert). Chantefable un peu naïve. (A la fin :) *Liège, Vaillant-Carmanne*, 1891, in-8, broché.

ÉDITION ORIGINALE tirée à 200 exemplaires sur papier vergé, parue sans le nom de l'auteur.

663. MOCKEL (Albert). Clartés. *Paris, Mercure de France,* 1901, in-8 allongé, broché.

> ÉDITION ORIGINALE.
> Un des 100 exemplaires imprimés sur **papier Van Gelder** offert à Jean Thorel par un *envoi autographe* de l'auteur.

664. MONNIER (Henri). Mémoires de Monsieur Joseph Prudhomme. *Paris, Librairie nouvelle,* 1857, 2 vol. in-12, portr. ajouté, dos et coins de mar. rouge, fil., dos ornés et mosaïqués, têt. dor., non rognés, couvertures (*Lanoë*).

> ÉDITION ORIGINALE ; avec les premières couvertures datées de 1857.

665. MONSELET (Charles). Les Tréteaux, avec un frontispice dessiné et gravé par Bracquemond. *Paris, Poulet-Malassis et De Broise,* 1859, in-12, frontisp., dos et coins de mar. rouge, fil., dos orné et mosaïqué, tête dor., non rogné, couverture (*Lanoë*).

> ÉDITION ORIGINALE.

666. MONTESQUIOU (Cte Robert de). Le Chef des odeurs suaves. *Paris, Richard,* 1893, fort vol. pet. in-8, broché.

> ÉDITION ORIGINALE imprimée pour l'auteur à 200 exemplaires sur papier de Hollande.
> *Envoi autographe* de l'auteur à Mounet-Sully, avec transcription de sa main de l'épigraphe, p. 95, empruntée à Victor Hugo ; en tout 10 lignes couvrant un feuillet de garde.
> *Lettre autographe* ajoutée dans laquelle le Cte Robert de Montesquiou demande à Mounet-Sully son concours pour une représentation organisée en vue d'élever une statue à Mme Desbordes-Valmore à Douai, sa ville natale.

667. MORÉAS (Jean). Les Syrtes. *Paris,* 1884, in-12, broché.

> ÉDITION ORIGINALE tirée à 124 exemplaires non mis dans le commerce ; celui-ci porte *un envoi autographe* de l'auteur à François Coppée et contient sa carte de visite.

668. MORÉAS (Jean). Le Pèlerin Passionné. *Paris, Vanier*, 1891, in-12, broché.

> Edition originale.
> *Envoi autographe* de l'auteur à Louis Denise.

669. MORÉAS (Jean). Eriphyle, poème suivi de quatre styles. *Paris, Bibliothèque artistique et littéraire*, 1894, in-8, broché.

> Edition originale.
> Un des 10 exemplaires imprimés sur **papier de Chine**.

670. MORÉAS (Jean). Les Stances. *Paris, Edition de La Plume*, 1899, in-4, broché.

> Edition originale ; reproduction fac-similé du manuscrit du premier et deuxième livres des *Stances*; portrait de l'auteur par *A. de La Gandara*.
> Tirage à 100 exemplaires sur papier de Chine.

671. MORÉAS (Jean). Les Stances. III, IV, V et VIᵉ livres. *Paris, La Plume*, 1901, in-12, dos et coins mar. vert foncé, dos orné, têt. dor., non rogné, couverture (*Kieffer*).

> Edition originale.
> *Envoi autographe* de l'auteur à Louis Denise.

672. MUHLFELD (Lucien). La Carrière d'André Tourette. *Paris, Ollendorff*, 1900, in-12, dos et coins de mar. bleu turquoise, fil., tête dor. (*Stroobants*).

> Edition originale.
> Un des 20 exemplaires imprimés sur **papier de Hollande**.

673. NOAILLES (Comtesse Mathieu de). Le Visage émerveillé. *Paris, Calmann-Lévy, s. d.* (1904), in-12, broché.

> Edition originale.
> Un des 20 exemplaires imprimés sur **papier du Japon**.

674. NOAILLES (Comtesse Mathieu de). La Domination. *Paris, Calmann-Lévy, s. d.* (1905), in-12, broché.

> Edition originale.
> Un des 60 exemplaires imprimés sur **papier de Hollande**.

675. NOAILLES (Comtesse de). Les Eblouissements, *Paris, Calmann-Lévy, s. d.* (1907), in-12, dos et coins de mar. citron, fil., tête dor., non rogné, couverture (*Durvand*).

> EDITION ORIGINALE.
> Un des 60 exemplaires imprimés sur **papier de Hollande**.

676. NOAILLES (Comtesse Mathieu de). Les Vivants et les Morts. *Paris, Fayard et C*[ie], 1913, in-12, broché.

> EDITION ORIGINALE.
> Un des 10 exemplaires imprimés sur **papier de Chine**.

677. PAYEN (Louis). Le Collier des Heures, poèmes. *Paris, Mercure de France,* 1913, in-12, broché.

> EDITION ORIGINALE.
> Exemplaire n° 2 imprimé sur **papier de Hollande**.

678. PÉGUY (Charles). Le Mystère des Saints Innocents. *Paris, Cahiers de la Quinzaine,* 1912, in-12, dos et coins mar. brun, dos orné de croix grecques bleu émail sur compart. à froid, tête dor., non rogné, couverture (*Kieffer*).

> EDITION ORIGINALE publiée dans le douzième cahier de la 13e série.

679. PÉGUY (Charles). Ecrits divers, publiés dans les *Cahiers de la Quinzaine.* Réunion de 11 vol. in-12, brochés.

> Notre patrie, 22 oct. 1905. — Le Parti intellectuel dans le monde moderne, 6 oct. 1907. — Notre jeunesse, 17 juillet 1910. — Victor-Marie, comte Hugo, 23 oct. 1910. — M. Fernand Laudet, 24 sept. 1911. — Le Porche de la deuxième vertu, 22 oct. 1911. — La Tapisserie de Sainte-Geneviève et de Jeanne d'Arc, 1er déc. 1912. — L'Argent, fév. et avril, 1913, 2 vol. — La Tapisserie de Notre-Dame, 11 mai 1913. — Note sur M. Bergson, 26 avril 1914.
> EDITIONS PRÉ-ORIGINALES.

680. PÉLADAN (Joséphin). Le Vice suprême, préface de

Jules Barbey d'Aurevilly. Frontispice de Félicien Rops.
Paris, Libr. des auteurs modernes, 1884, in-12, dos et
coins mar. La Vall. clair, dos orné, tr. dor., non rogné,
couverture (*Kieffer*).

EDITION ORIGINALE.
Couverture défraîchie avec quelques déchirures sur les bords.

681. PÉLADAN (Joséphin). La Décadence latine. Etho-
péo II. Curieuse ! Frontispice à l'eau-forte de Félicien
Rops. *Paris, A. Laurent*, 1886, in-12, dos et coins de
mar. rouge, fil., dos orné, tête dor., non rogné (*Couvert.*).

EDITION ORIGINALE.
Un des 30 exemplaires imprimés sur **papier de Hollande**.

682. PÉLADAN (Joséphin). La Décadence latine. L'Ini-
tiation sentimentale. *Paris, Edinger*, 1887, in-12, dos et
coins mar. citron, dos orné, tête dor., non rogné, couverture (*Kieffer*).

EDITION ORIGINALE, ornée d'un frontispice de *Félicien Rops*.
Envoi autographe à Anatole France.

683. PÉLADAN (Joséphin). La Décadence latine. A Cœur
perdu. *Paris, Edinger*, 1888, in-8, cartonn. dos et coins
de mar. vieux rouge, fil., dos plat orné et mosaïqué, non
rogné, couverture. (*Carayon*).

EDITION ORIGINALE, ornée d'un frontispice au vernis mou de
Félicien Rops.
Un des 100 exemplaires imprimés sur **papier de Hollande** de
format in-8.

684. PLESSIS (Frédéric). La Lampe d'argile, poésies
(1873-1886). *Paris, Lemerre*, 1886, in-12, broché.

EDITION ORIGINALE.
Un des 6 exemplaires imprimés sur **papier de Chine**.

685. PORCHÉ (François). Humus et Poussière, poèmes.
Paris, Mercure de France, 1911, in-12, dos et coins de

mar. vert foncé, tête dor., non rogné, couverture
(*Affoler*).

.Edition originale.
Un des 7 exemplaires imprimés sur papier de Hollande.

686. PORCHE (François). Le Poème de la tranchée. *Paris,
Nouvelle Revue française*, 1916, pet. in-4, broché.

Edition originale.
Un des 60 exemplaires réimposés sur papier de Hollande
mis dans le commerce.

687. PORTO-RICHE (Georges de). Prima Verba, poésies.
Paris, Lachaud, 1872, in-12, broché.

Edition originale de ce premier ouvrage de l'auteur : paru
sous le nom de Georges Riche.
Hommage autographe signé Georges de Porto-Riche à M. Alfred
Mézières.

688. PORTO-RICHE (Georges de). Tout n'est pas rose,
poésies. *Paris, Calmann Lévy,* 1877, in-12, broché.

Edition originale.
Envoi autographe de l'auteur sur le faux titre.

689. RACHILDE [Mme Alfred Vallette]. Monsieur Vénus,
préface de Maurice Barrès. *Paris, Brossier,* 1889, in-12,
dos et coins de mar. violet, fil., dos orné, tête dor., non
rogné, couverture (*Kieffer*).

Première édition française.
Exemplaire imprimé sur **papier de Hollande**, portant sur le
faux titre *un envoi autographe* de l'auteur à Philippe Gille.

690. RACHILDE. La Tour d'amour. *Paris, Mercure de
France, s. d.,* in-12, broché.

Edition originale.
Un des 12 exemplaires imprimés sur **papier de Hollande**.

691. REBELL (Hugues). La Nichina, mémoires inédits de

Lorenzo Vendramin. *Paris, Mercure de France,* 1897, in-12, broché.

> EDITION ORIGINALE.
> Un des 15 exemplaires imprimés sur **papier de Chine.**

692. REBOUX (Paul). Les Iris noirs. *Paris, Lemerre,* 1898, in-12, dos et coins de mar. La Vall., fil. à froid, dos orné, tête dor., non rogné, couverture (*Kieffer*).

> EDITION ORIGINALE.
> *Envoi autographe* sur le faux titre.

693. RÉGNIER (Henri de). Épisodes (Poèmes, 1886-1888). *Paris, Vanier, s. d.* (1888), pet. in-8, broché.

> EDITION ORIGINALE.
> *Envoi autographe* de l'auteur à M. Paul Bonnetain.
> Piqûres d'humidité sur la couverture.

694. RÉGNIER (Henri de). Poèmes anciens et romanesques. *Paris, Libr. de l'Art Indépendant,* 1890, pet. in-8, broché.

> EDITION ORIGINALE.
> *Hommage autographe* de l'auteur à M. Paul Mazel.

695. RÉGNIER (Henri de). Tel qu'en songe. *Paris, Librairie de l'Art Indépendant,* 1892, pet. in-8, broché.

> EDITION ORIGINALE.
> *Envoi autographe* de l'auteur à Albert Giraud.
> Exemplaire débroché ; la couverture a été nettoyée.

696. RÉGNIER (Henri de). Le Bosquet de Psyché. *Bruxelles, Lacomblez,* 1894, in-18, cartonn. dos et coins mar. La Vall., fil., dos orné, non rogné, couverture (*Carayon*).

> EDITION ORIGINALE, tirée à 250 exemplaires sur papier vergé,

697. RÉGNIER (Henri de). Aréthuse. *Paris, Libr. de l'Art Indépendant,* 1895, pet. in-8, mar. La Vall. foncé, le

premier plat mosaïqué à froid d'un décor de feuillage
en mar. vert foncé et olive, réplique sur le second plat ;
à l'int., bord. de mar. fauve et mar. La Vall., fil. dor.,
tête dor., non rogné, couverture (*Blanchetière-Bretault*).

EDITION ORIGINALE.
Lettre autographe ajoutée, datée de 1896 et relative à la collaboration de Henri de Régnier à l'*Echo de Paris*.

698. RÉGNIER (Henri de). Les Médailles d'argile, poèmes.
Paris, Mercure de France, 1900, in-12, mar. La Vall.,
composition mosaïquée en mar. vert et violet sur le premier plat représentant un couple de paons se profilant
sur un fond marbré ; quatre médailles antiques exécutées
sur mar. citron et fauve, le tout dans un encadrement de
fil. à froid, pleins et au pointillé ; sur le second plat,
plaque de veau marbré, bleu, sertie de fil. à froid ; dos
orné et mosaïqué ; doubl. de mar. parme, encadr. de fil.
dor. pleins et au pointillé, compart. de losanges à froid
avec une médaille antique aux angles mosaïqués en mar.
citron, gardes de soie à rayures, doubl. gardes, têt. dor.,
non rogné, couvert., étui (*Kieffer*).

EDITION ORIGINALE.
Un des **2** exemplaires imprimés sur **papier de Chine**, auquel
on a ajouté 2 *poésies autographes* d'Henri de Régnier intitulées
Chansons, ces pièces n'ont pas été imprimées dans cette édition
des *Médailles d'argile*.
Curieuse reliure de Kieffer.

699. RENAN (Ernest). Souvenirs d'enfance et de jeunesse.
Paris, Calmann Lévy, 1883, in-8, mar. vert, jans., doubl.
de mar. La Vall., guirlande de violettes mosaïquées et
feuilles dorées, gardes de soie brochée, doubles gardes,
tr. dor. sur témoins, couverture (*Marius-Michel*).

EDITION ORIGINALE.
Un des **50** exemplaires imprimés sur **papier de Hollande**.
De la bibliothèque J. Lemaître.

700. RENARD (Jules). Sourires pincés. *Paris, Lemerre,*
1890, in-12, broché.

> EDITION ORIGINALE, rare.
> *Hommage autographe* de l'auteur à M. Gustave Guiches.

701, RENARD (Jules). Coquecigrues. *Paris, Ollendorff,*
1893, in-12, dos et coins de mar. vert foncé, dos orné et
mosaïqué, tête dor., non rogné, couverture (*Kieffer*).

> EDITION ORIGINALE.

702. RENARD (Jules). La Lanterne sourde. *Paris, Ollen-*
dorff, 1893, in-16, broché.

> EDITION ORIGINALE.

703. RENARD (Jules). Le Vigneron dans sa vigne. *Paris,*
Mercure de France, 1894, in-18, pap. vergé, tiré en trois
couleurs, noir, rouge et vert, mar. vert foncé jans., non
rogné, couvert., étui.

> EDITION ORIGINALE.
> Exemplaire portant sur le faux titre cette annotation auto-
> graphe de J. Renard.
>> « *Exemplaire de Louis Dumur*
>> *octobre 1894,* JULES RENARD.
> On y a ajouté une *carte autographe* de J. Renard félicitant
> un jeune confrère après lecture d'un ouvrage que celui-ci lui
> avait envoyé. Il termine par ces mots : « Peu importe, j'aurai
> accompli cette belle action : prendre une plume, la soulever, et
> féliciter sans pudeur un nouveau venu, dont, spécialement, la
> richesse d'images m'éblouit. Peut-être qu'un quart d'heure
> après la plume serait trop lourde... Merci. Monsieur et bonne
> chance. — Jules Renard. »

704. RENARD (Jules). La Maîtresse. Dessins de F. Valot-
ton. *Paris, Simonis Empis,* 1896, in-12, broché.

> EDITION ORIGINALE.

705. RETTÉ (Adolphe). Cloches en la nuit. Eau-forte de
Emile-H. Meyer. *Paris, Vanier,* 1889, pet. in-4, broché.

> EDITION ORIGINALE tirée à 170 exemplaires ; celui-ci est un des

20 exemplaires sur **Hollande** (l'eau-forte, détachée du volume, est tirée sur vergé).

Envoi autographe de 7 lignes de l'auteur à Villiers de l'Isle Adam « au penseur et au radieux écrivain, etc. »

706. RICHEPIN (Jean). Mes Paradis. Avec un portrait à l'eau-forte par F. Desmoulin. *Paris, Charpentier et Fasquelle*, 1894, in-4, broché.

    ÉDITION ORIGINALE.

    Un des **30** exemplaires imprimés sur **papier de Hollande** contenant deux états du portrait.

707. RICTUS (Jehan). Cantilènes du Malheur. Pointe sèche de Steinlen. *Paris, P. Sevin et Rey, s. d.* (1902), plaquette in-8, demi-rel. chag. grenat, tête jasp., non rogné (*Couvert.*).

    ÉDITION ORIGINALE.

708. RIMBAUD (Arthur). Lettres de Jean-Arthur Rimbaud. Égypte, Arabie, Éthiopie. Avec une introduction et des notes par Paterne Berrichon. *Paris, Mercure de France*, 1899, in-12, fac-simile, broché.

    ÉDITION ORIGINALE.

    Un des **12** exemplaires imprimés sur **papier de Hollande**.

709. RIMBAUD (Arthur). OEuvres — Vers et proses — revues sur les manuscrits originaux..., mises en ordre et annotées par Paterne Berrichon. *Paris, Mercure de France*, 1912, in-12, broché.

    ÉDITION COMPLÈTE augmentée de quelques pièces inédites et précédée d'une préface de 21 pages de Paul Claudel.

    Un des **25** exemplaires imprimés sur **papier vélin**.

710. RODENBACH (Georges). L'Hiver mondain, illustré de deux croquis de Jan Van Beers. *Bruxelles, Kistemaeckers*, 1884, in-12, dos et coins de mar. orange foncé, fil., têt. dor., non rogné (*Couvert.*).

    ÉDITION ORIGINALE ; exemplaire imprimé sur papier vergé teinté.

711. RODENBACH (Georges). La Jeunesse blanche. *Paris,
Lemerre*, 1886, in-12, broché.

Edition originale.

712. RODENBACH (Georges). L'Art en exil. *Paris, Librairie Moderne*, 1889, in-12, dos et coins mar. brun, dos
orné à froid et dor., têt. dor., non rogné, couverture
(*Kieffer*).

Edition originale.

713. RODENBACH (Georges). Le Règne du Silence.
Paris, Bibliothèque-Charpentier, 1891, in-12, mar. noir
jans., doublé de mar. gris, entièrement couvert d'un
motif floral à répétition exécuté en deux tons, bleu et gris
sur fond doré, têt. dor., non rogné, couverture (*Kieffer*).

Edition en grande partie originale.
Exemplaire imprimé sur papier de Hollande.

714. RODENBACH (Georges). Les Vies encloses, poème.
Paris, Charpentier et Fasquelle, 1896, in-12, broché.

Edition originale.

715. RODENBACH (Georges). Le Carillonneur. *Paris,
Fasquelle*, 1897, in-12, broché.

Edition originale.

716. RODENBACH (Georges). L'Elite. *Paris, Fasquelle*,
1899, in-12, broché.

Edition originale.

717. RODENBACH (Georges). Le Rouet des brumes,
contes posthumes. *Paris, Ollendorff*, 1901, in-12, mar.
vert réséda, dos orné de feuillages bruns, têt. dor., non
rogné, couverture (*Kieffer*).

Edition originale.
Un des 25 exemplaires imprimés sur papier de Hollande.

718. ROLLINAT (Maurice). Dans les brandes, poèmes et rondels. *Paris, Sandoz et Fischbacher,* 1877, in-12, broché.

> EDITION ORIGINALE.
> Sur le faux titre, *hommage autographe* de l'auteur à Mlle Valentine Lesclide.

719. ROLLINAT (Maurice). Les Névroses. Avec un portrait de l'auteur par F. Desmoulin. *Paris, Charpentier,* 1883, in-12, mar. bleu foncé jans., doublé de mar. rouge serti d'un fil. dor., gardes de moire bleu foncé, doubles gardes, tr. dor. sur témoins, couverture (*Marius Michel*).

> EDITION ORIGINALE.

720. ROLLINAT (Maurice). Les Bêtes, poésies. *Paris, Fasquelle,* 1911, in-12, broché.

> EDITION ORIGINALE.
> Exemplaire n° 10 imprimé sur **papier de Hollande.**

721. ROMAINS (Jules). La Vie unanime. *Paris, Mercure de France,* 1913, in-12, broché.

> EDITION ORIGINALE.
> Un des 7 exemplaires imprimés sur **papier de Hollande.**

722. ROSNY (J.-H.). Les Corneilles. *Paris, Librairie Moderne,* 1888, in-12, dos et coins mar. gris bleuté, dos orné de compart. de mar. noir, décorés de rosaces et sertis de fil. dor., têt. dor., non rogné, couverture (*Kieffer*).

> EDITION ORIGINALE.
> Un des 8 exemplaires imprimés sur **papier de Hollande.**

723. ROSNY (J.-H.). Marc Fane, roman parisien. *Paris, Librairie Moderne,* 1888, pet. in-8, dos et coins mar. vieux rose, dos orné de compart. de mar. noir, décorés

de rosaces et fil. dor., têt. dor., non rogné, couverture (*Kieffer*).

Edition originale.
Un des 16 exemplaires imprimés sur **papier de Hollande**.

724. ROSNY (J.-H.). Le Termite, roman de mœurs littéraires. *Paris, Albert Savine,* 1890, in-12, dos et coins de mar. vert, fil., tête dor., non rogné, couverture (*Martin*).

Edition originale.
Un des 12 exemplaires imprimés sur **papier de Hollande**.

725. ROSNY (J.-H.). Daniel Valgraive. *Paris, Lemerre,* 1891, in-12, dos et coins de mar. vert foncé, fil., non rogné, couverture (*Martin*).

Edition originale.
Un des quelques exemplaires imprimés sur **papier de Hollande**, rare.

726. ROSNY (J.-H.). L'Autre Femme. *Paris, Léon Chailley,* 1895, in-12, broché.

Edition originale.
Exemplaire imprimé sur **papier de Hollande**.

727. ROSNY (J.-H.). L'Indomptée. *Paris, Léon Chailley,* 1895, in-12, dos et coins de mar. vert, fil., tête dor., non rogné, couvert. (*Martin*).

Edition originale.
Un des 10 exemplaires imprimés sur **papier de Hollande**.

728. ROSNY (J.-H.). Eyrimah. *Paris, Léon Chailley,* 1896, in-12, dos et coins de mar. vert, fil., tête dor., non rogné, couverture (*Martin*).

Edition originale.
Exemplaire imprimé sur **papier de Hollande**.

729. ROSNY (J.-H.). Les Xipéhuz. *Paris, Mercure de France,* 1896, in-18, broché.

Un des 3 exemplaires imprimés sur **papier du Japon**.

730. ROSNY (J.-H.). Les Retours du cœur, roman illustré de cinquante-six gravures d'après H. Vogel. *Paris, Hachette et Cie, s. d.* (1898), in-12 en hauteur, dos et coins mar. citron, dos orné de compart. de mar. noir décorés de rosaces et fil. dor., têt. dor., non rogné, couverture (*Kieffer*).

> Édition originale.
> Exemplaire imprimé sur **papier de Chine**.

731. ROSNY (J.-H.). L'Aiguille d'or, roman. *Paris, Armand Colin,* 1899, in-12, dos et coins de mar. vert foncé, non rogné (*Couvert.*).

> Édition originale.
> Un des 10 exemplaires imprimés sur **papier de Hollande**.

732. ROSNY (J.-H.), Les Ames perdues. *Paris, Fasquelle,* 1899, in-12, dos et coins de mar. vert, fil., tête dor., non rogné, couverture (*Martin*).

> Édition originale.
> Un des 15 exemplaires imprimés sur **papier de Hollande**.

733. ROSNY (J.-H.). Le Chemin d'Amour. *Paris, Ollendorff,* 1901, in-12, broché.

> Édition originale.
> Un des 10 exemplaires imprimés sur **papier de Hollande**.

734. ROSNY (J.-H.). La Luciole. *Paris, Ollendorff,* 1904, in-12, broché.

> Édition originale.
> Un des 5 exemplaires imprimés sur **papier de Hollande**.

735. ROSNY (J.-H.). Les Rafales. Dans les Rues, roman de mœurs apaches et bourgeoises. *Paris, Fasquelle,* 1913, in-12, dos et coins de mar. havane clair, fil. à froid, dos orné et mosaïqué, tête dor., non rogné, couverture (*Kieffer*).

> Édition originale.
> Un des 10 exemplaires imprimés sur **papier de Hollande**.

736. ROSNY AINÉ (J.-H.). ... et l'amour ensuite, roman de mœurs. *Paris, Flammarion,* 1918, in-12, broché.

> EDITION ORIGINALE.
> Un des 10 exemplaires imprimés sur **papier de Hollande.**

737. ROSTAND (Edmond). Chantecler, pièce en quatre actes, en vers. *Paris, Charpentier et Fasquelle,* 1910, in-8, couverture de Lalique en cuir estampé.

> EDITION ORIGINALE tirée à 1000 exemplaires sur papier du Japon.

738. RYNER (Han). Le Cinquième évangile. *Paris, Figuière et C*^ie, 1911. — Les Pacifiques. *Ibid.,* id., s. d. Ens. 2 vol. in-12, brochés.

> EDITIONS ORIGINALES.
> *Envoi autographe* de l'auteur à Camille de Sainte-Croix sur chaque volume.

739. SAINT-GEORGES DE BOUHÉLIER. La Résurrection des Dieux, théorie du paysage. *Paris, Vanier,* 1895, in-16, broché.

> EDITION ORIGINALE.
> Exemplaire offert à J.-M. de Heredia par *un envoi autographe* de l'auteur.

740. SAINT-GEORGES DE BOUHÉLIER. La Vie héroïque des aventuriers, des poètes, des rois, et des artisans. Théorie pathétique pour servir d'introduction à une tragédie ou à un roman. *Paris, Vanier,* 1895, 2 vol. in-18, brochés.

> EDITION ORIGINALE.
> *Envoi autographe* de l'auteur « au maître Paul Verlaine ».

741. SCHOLL (Aurélien). La Foire aux artistes, petites comédies parisiennes. *Paris, Poulet-Malassis et De Broise,* 1858, in-16, broché.

> EDITION ORIGINALE.
> Un des quelques exemplaires imprimés sur **papier vergé.**

742. SCHWOB (Marcel). Mimes, avec un prologue et un
épilogue. *Paris, Mercure de France*, 1894, in-16, broché.

> Première édition en librairie ; elle a tirée à 278 exemplaires
> ornés d'une couverture illustrée par *Jean Veber*.

743. SCHWOB (Marcel). Le Livre de Monelle. *Paris,
Léon Chailley*, 1894, in-16, broché.

> EDITION ORIGINALE.
> Un des 15 exemplaires imprimés sur **papier de Hollande.**

744. SCHWOB (Marcel). Vies imaginaires. *Paris, Charpentier et Fasquelle*, 1896, in-12, broché.

> EDITION ORIGINALE.
> Un des 10 exemplaires imprimés sur **papier de Hollande.**

745. SEGARD (Achille). Le Départ à l'Aventure. *Paris,
Bibl. Artistique et littéraire*, 1897, in-12, broché.

> EDITION ORIGINALE.
> Un des 8 exemplaires imprimés sur **papier de Chine.**

746. SEGARD (Achille). Le Mirage perpétuel. *Paris,
Ollendorff*, 1903, in-12, portr., broché.

> EDITION ORIGINALE.
> Un des 5 exemplaires imprimés sur **papier du Japon,** signé
> de l'auteur.

747. SILVESTRE (Armand). Rimes jeunes et vieilles, avec
une préface de George Sand. *Paris, Dentu*, 1866, in-12,
cartonn. dos et coins de mar. La Vall., tête dor., non
rogné, couverture (*Carayon*).

> EDITION ORIGINALE du premier ouvrage d'Armand Silvestre.

748. SILVESTRE (Armand). Le Pays des roses, poésies
nouvelles, 1880-1882. *Paris, Charpentier*, 1882, in-12,
dos et coins de mar. rose, fil., dos orné et mosaïqué

d'une guirlande de roses, têt. dor., non rogné, couverture (*David*)..

Édition originale, portrait ajouté.
Envoi autographe de l'auteur.

749. SILVESTRE (Armand). Les Aurores lointaines, poésies nouvelles, 1892-1895. *Paris, Charpentier et Fasquelle*, 1896, in-12, portrait ajouté, dos et coins de mar. orange, fil., dos orné, tête dor., non rogné (*Canape*).

Édition originale.
Un des 5 exemplaires imprimés sur **papier de Chine**.

750. SOULARY (Joséphin). Sonnets humouristiques, nouvelle édition... augmentée, précédée d'une préface en vers par Jules Janin. *Lyon, Scheuring*, 1859, pet. in-8, port. et vignettes, dos et coins chag. orange, fil.. dos orné, têt. dor., non rogné, couverture (*Loisellier*).

Édition collective en partie originale.
Envoi et lettre autographes de l'auteur à Alphonse Daudet.

751. SOULARY (Joséphin). Les Figulines, suivies du Rêve de l'Escarpolette & de quelques autres pièces par Joséphin Soulary. *Lyon, Scheuring*, 1862, pet. in-8, mar. La Vall. jans., doublé de mar. rouge, plats couverts de compart. de fil. droits et courbes, orn. de rinceaux de fers azurés, gardes de moire violette, doubles gardes, tr. dor. (*Petit. rel. — Wampflug dor.*).

Édition originale tirée à 200 exemplaires ; celui-ci, imprimé sur **papier de Hollande**, est peut-être unique.
Sonnet autographe et *croquis original* au crayon de Joséphin Soulary ajoutés. Le sonnet est adressé à Frédéric Mistral.

752. SUARÈS (André). Voyage du Condottière, vers Venise. *Paris, E. Cornély et Cie*, 1910, pet. in-8 carré, dos et coins de mar. vert, fil., dos orné, tête dor., non rogné, couverture (*Kieffer*).

Édition originale.

753. SUARÈS (André). Cervantès. *Paris, Emile-Paul frères,* 1916, gr. in-16, broché.

    ÉDITION ORIGINALE.
    Un des **25** exemplaires imprimés sur **papier du Japon**.

754. SULLY PRUDHOMME. Les Epreuves. *Paris, Lemerre,* 1866, in-12, broché.

    ÉDITION ORIGINALE.
    Un des **10** exemplaires imprimés sur **papier de Chine**.
    Rousseurs.

755. SULLY PRUDHOMME. La Justice, poëme. *Paris, Lemerre,* 1878, in-12, dos et coins mar. rouge foncé, tête dor., non rogné, couverture (*Affolter*).

    ÉDITION ORIGINALE.
    Hommage autographe de l'auteur à M. Escoffier.

756. SULLY PRUDHOMME. Le Prisme. Poésies diverses. *Paris, Lemerre,* 1886, in-12, mar. bleu jans., dent. int., non rogné, couverture (*David*).

    ÉDITION ORIGINALE.
    Un des **5** exemplaires imprimés sur **papier de Chine**.

757. SULLY PRUDHOMME. Epaves. *Paris, Lemerre,* 1908, in-12, broché.

    ÉDITION ORIGINALE.
    Un des **10** exemplaires imprimés sur **papier de Chine**.

758. TAILHADE (Laurent). Le Jardin des Rêves, poésies. Préface de Théodore de Banville. *Paris, Lemerre,* 1880, in-12, broché.

    ÉDITION ORIGINALE.

759. TAILHADE (Laurent). Au Pays du Mufle. Ballades et quatorzains; préface d'Armand Silvestre. *Paris, Léon Vanier,* 1891, pet. in-16, pap. de Hollande, mar. bleu, encadr. de 1 fil. doré et encad. de 2 bandes de mar. vert

olive, serties dans des fil. à froid, dos orné et mosaïqué ;
à l'intérieur, large bande de mar. bleu ornée d'une pet.
bande de mar. vert olive et d'un filet dor., tr. dor. sur
témoins, couvert., étui (*Noulhac*).

> Édition originale, tirée à 425 exemplaires ; on a joint à
> celui-ci 2 *pièces de vers autographes* de Laurent Tailhade inti-
> tulées « Apothéose » et « Vendredi Saint ».
> Jolie reliure.

760. TAILHADE (Laurent). Vitraux. *Paris, L. Vanier,*
1891, pet. in-8, mar. bleu, composition formant cadre
mosaïquée de mar. citron bleu clair et rouge sorte de
vitrail ; à l'int. doubl. de mar. bleu clair, vitrail mosaïqué formant milieu représentant un bouquet de roses se
détachant sur fond de mar. citron, gardes de tabis sépia,
doubles gardes, tranches dor. sur témoins, étui (*Noulhac*).

> Édition originale. Jolie reliure.
> Exemplaire imprimé sur **papier du Japon**, tiré spécialement
> pour l'auteur et auquel on a ajouté :
> 1" — *Une lettre autographe* de Laurent Tailhade datée du 8
> novembre 1912, adressée à Léon Vanier et relative à *Vitraux* et
> *Au Pays du Mufle.*
> 2" — *Une nouvelle autographe* (7 pag.) signée de l'auteur, inti-
> tulée *Le Conte du Loup-Garou.*

761. TAILHADE (Laurent). Poèmes aristophanesques.
Paris, Mercure de France, 1904, in-12, port., mar. vert
réséda, cadre à froid, dos orné, encadr. à l'int., tête dor.,
non rogné, couverture (*Kieffer*).

> Édition originale.
> Un des **12** exemplaires imprimés sur **papier de Hollande**.

762. TAILHADE (Laurent). Poèmes aristophanesques.
Paris, Mercure de France, 1904, in-12, portr.. broché.

> Édition originale.
> *Hommage respectueux et charmé* de Laurent Tailhade à Renée
> Vivien.

763. TAINE (H.). Voyage en Italie. *Paris, L. Hachette*

et Cie, 1866, 2 vol. in-8, dos et coins de mar. mordoré,
dos ornés, têt. dor., non rognés, couvertures (*Kieffer*).

ÉDITION ORIGINALE ; les couvertures sont réparées légèrement
et doublées.

764. TAINE (H.). Philosophie de l'art en Grèce. *Paris,
Germer Baillière*, 1869. — Notes sur l'Angleterre. *Hachette et C*^{ie}, 1872. Ens. 2 vol. in-12, brochés.

ÉDITIONS ORIGINALES.

765. TELLIER (Jules). Nos poètes. *Paris, Dupret*, 1888,
in-12, dos et coins de mar. La Vall., fil., dos orné et
mosaïqué, tête dor., non rogné, couverture (*Lanoë*).

ÉDITION ORIGINALE, rare.

766. TELLIER (Jules). Reliques de Jules Tellier. *S. l.*,
(*Evreux, impr. Herissey*), 1890, in-12, dos et coins de
mar. brun, fil., dos orné et mosaïqué, tête dor., non
rogné, couverture (*Lanoë*).

ÉDITION ORIGINALE publiée en souscription par Raymond de
La Tailhède ; elle est ornée d'un portrait de Jules Tellier, tiré
sur Chine.

767. THARAUD (Jérôme et Jean). Dingley, l'illustre écrivain. *Paris, Emile-Paul*, 1911, in-12, broché.

Un des 15 exemplaires imprimés sur **papier du Japon**.

768. THARAUD (Jérôme et Jean). La Tragédie de Ravail-
hac. *Paris, Emile-Paul*, 1913, in-12, broché.

ÉDITION ORIGINALE.
Un des 40 exemplaires imprimés sur **papier de Hollande**.

769. THARAUD (Jérôme et Jean). L'Ombre de la Croix.
Paris, Emile-Paul frères, 1917, in-12, broché.

ÉDITION ORIGINALE.
Un des 40 exemplaires imprimés sur **papier de Hollande**.

770. VALÉRY (Paul). La Jeune Parque. *Paris, Nouvelle Revue française*, 1917, pet. in-4, papier vergé d'Arches, broché.

EDITION ORIGINALE.

771. VAN LERBERGHE (Charles). Les Flaireurs. *Bruxelles, Lacomblez, s. d.* (1890), in-12 de 23 pag.; broché.

EDITION ORIGINALE ; rare.

772. VERHAEREN (Émile). Poèmes (III⁰ série). Les Villages illusoires. — Les Apparus dans mes chemins. — Les Vignes de ma muraille. *Paris, Mercure de France, s. d.* (1899), in-12, broché.

EDITION EN PARTIE ORIGINALE.
Un des 12 exemplaires imprimés sur **papier de Hollande**.

773. VERHAEREN (Émile). Petites légendes. *Bruxelles, Éd. Deman,* 1900, in-8, mar. fauve, encad. de 2 bandes de mar. bleu et marron sertis de fil. dor. ; à l'int. encadr. de 4 fil. dor., fleurons d'angles, doubl. et gardes de moire bleue, tête dor., non rogné, couverture (*Claessens*).

EDITION ORIGINALE.
Exemplaire non numéroté imprimé sur **papier de Hollande**.

774. VERHAEREN (Émile). Toute la Flandre. Les Plaines. *Bruxelles, Deman,* 1911, in-8, broché.

EDITION ORIGINALE.
Un des **25** exemplaires imprimés sur **papier de Hollande** Van Gelder.

775. VERHAEREN (Émile). Poèmes légendaires de Flandre et de Brabant, ornés de bois gravés par Raoul Dufy. *Paris, Soc. littéraire de France,* 1916, in-16, en feuilles sous la couverture.

EDITION ORIGINALE.
Un des **10** exemplaires imprimés sur **papier de Chine** conte-

nant le **tirage à part** sur **Chine** des ornements gravés sur bois
(ces exemplaires marqués de A à J n'ont pas été mis dans le
commerce).

On y ajouté deux états des bois : galvanos poinçonnés et bois
barrés, sur papier de Hollande.

776. VERLAINE (Paul). Poëmes saturniens. *Paris,
Lemerre,* 1866, in-12, mar. bleu, compart. de fil. avec
motifs mosaïqués, dos orné et mosaïqué, doubl. de mar.
La Vall. avec répétition du décor des plats, gardes de
faille bleue, doubles gardes, tête dor., non rogné, couverture (*Kieffer*).

Édition originale.

777. **VERLAINE.** Fêtes galantes. *Paris, Lemerre,* 1869,
pet. in-12, cartonn. soie à fleurettes brodées, non rogné
(*Couvert.*).

Édition originale.

Un des **10** exemplaires imprimés sur **papier de Chine,** auquel
on a ajouté *une lettre autographe* de P. Verlaine, datée du
18 octobre 1892, « Je suis sorti de l'hôpital il y a 8 jours.
Toute personne donc qui viendrait en ma place vous parler
d'intérêt passé, présent ou futur, munie ou non d'une autorisa-
tion mienne, ferait une tentative d'escroquerie et devra être
accueillie comme de droit.

« Paul Verlaine. »

778. VERLAINE (Paul). La Bonne Chanson. *Paris,
Lemerre,* 1870, pet. in-12, broché.

Édition originale.

Sur le feuillet de garde, *envoi autographe* de Verlaine à Léon
Vanier.

779. VERLAINE (Paul). Romances sans paroles. *Sens,
Typographie de Maurice L'Hermitte,* 1874, in-12, broché.

Édition originale.

Les deux plats de la couverture, sans le dos, sont joints à
l'exemplaire.

780. **VERLAINE** (Paul). Sagesse. *Paris, Société Générale de librairie catholique*, 1881, in-8, mar. gris foncé, les plats entièrement mosaïqués de motifs à répétition composés d'une grande fleur de lis blanche et d'une petite pensée violette en rosace, serties de fil. dor. avec feuillage et cloisonnage à froid de mar. olive, dos orné et mosaïqué, doubl. de mar. olive, encadr. à froid d'une torsade de fil. de mar. brun, décor régulier d'églantines, de fleurs stylisées violettes, rang de gros points dor., gardes d'ottoman vert foncé, tr. dor. sur témoins, couverture, étui (*Noulhac*).

Édition originale.
Très bel exemplaire dans une jolie reliure.

781. **VERLAINE** (Paul). Jadis et Naguère; poésies. *Paris, Vanier*, 1884, in-12, broché.

Édition originale.
Envoi autographe de l'éditeur à Georges Courteline de la part de Verlaine.

782. **VERLAINE** (Paul). Amour. *Paris, Vanier*, 1888, in-12, cartonn. dos et coins mar. citron à longs grains, non rogné, couverture (*Champs*).

Édition originale ; portrait tiré sur Chine ajouté.
Un des **50** exemplaires imprimés sur **papier de Hollande** ; il porte un envoi autographe de Verlaine au libraire Conquet,
On y a ajouté *une belle lettre autographe* de 4 pag. in-16, datée de janvier 1887, adressée par Verlaine à Léon Vanier, relative à *Amour*, à *Parallèlement*, à la pièce *Les Uns et les Autres*.
Verlaine est à l'hôpital, mais sa santé s'améliore, et plein d'espoir, il suppute toute une vie nouvelle assurée par son travail, bien équilibrée et dont la dignité déciderait son fils à revenir auprès de lui. « Pour cela, je dois être un peu aidé. Je compte sur *vous libraire* et... sur *vous ami*. N'est-ce pas ? et vous verrez quel homme je puis être, net, fier et tout? »

783. **VERLAINE** (Paul). Parallèlement. *Paris, Vanier*,

1889, in-12, dos et coins mar. fauve clair, fil., dos orné,
têt. dor., non rogné, couverture (*Canape*).

EDITION ORIGINALE.

784. VERLAINE (Paul). Dédicaces. Dessin de A.-F. Cazals, gravé par Maurice Baud. *Paris, Bibliothèque artistique et littéraire*, 1890, in-16, papier vergé, broché.

EDITION ORIGINALE non mise dans le commerce.
Envoi autographe de Verlaine à M. Aristide Estienne.

785. VERLAINE (Paul). Bonheur. *Paris, Vanier*, 1891,
in-12, broché.

EDITION ORIGINALE.
Un des 55 exemplaires imprimés sur **papier de Hollande** ; il
porte *un envoi autographe* de Paul Verlaine à M. Pierre Dauze.

786. VERLAINE (Paul). Chansons pour Elle. *Paris,
Vanier*, 1891, in-12, mar. bleu, encadr. de 3 fil. dor. à
l'angle gauche du premier plat, dos orné ; à l'int.,
encadr. de dent. et fil. dor., tr. dor. sur témoins, couverture, étui (*M. Lortic*).

EDITION ORIGINALE, imprimée sur papier de Hollande.

787. VERLAINE (Paul). Les Uns et les Autres, comédie
en un acte et en vers. *Paris, Vanier*, 1891, in-12,
broché.

Première édition séparée, très remaniée, d'une pièce parue
dans *Jadis et Naguère*.

788. VERLAINE (Paul). Poésies. *Paris, Vanier*, 1891-
1894, 3 vol. in-12, mar. bleu, encadr. à la grecque, dos
ornés, 5 fil. int., tr. dor., couvertures (*Mercier, succr de
Cuzin*).

Recueil factice composé des ouvrages suivants publiés chez
Léon Vanier : Poèmes saturniens, 1894. — La Bonne Chanson,

1891 (papier vergé). — Fêtes galantes, 1891 (papier vergé). — Romances sans paroles, 1891 (papier vergé). — Sagesse, 1893. — Jadis et Naguère, 1891 (papier vergé). — Amour; nouvelle édition revue et augmentée, 1892. — Bonheur, 1891. — Chansons pour elle, 1891 (papier vergé). — Liturgies intimes, 1893. — Odes en Son honneur, 1893. — Elégies, 1893. — Dans les limbes, 1894. — Parallèlement; nouvelle édition augmentée, 1894.

ÉDITIONS ORIGINALES de *Bonheur, Chansons pour Elle, Odes en Son honneur, Elégies* et *Dans les limbes.*

789. VERLAINE (Paul). Elégies. *Paris, Vanier,* 1893, in-12, portr., mar. citron, compart. de mar. noir, sertis dans des fil. dor., saule pleureur formant milieu, dos orné et mosaïqué, décor des plats répété à l'intérieur en encadrem., doubl. et gardes de tabis rose, tr. dor. sur témoins, doubles gardes, étui (*M. Lortic*).

ÉDITION ORIGINALE.
Exemplaire imprimé sur **papier du Japon.**

790. VERLAINE (Paul). Epigrammes (frontispice de F.-A. Cazals). *Paris, Bibliothèque Artistique et littéraire,* 1894, gr. in-16, mar. bleu, 3 fil. dor., petit trophée composé d'une épée et de deux plumes d'oie ornant l'angle gauche de la reliure, dos orné ; à l'int., encadr. de 5 fil. dor., tr. dor. sur témoins, couverture, étui (*M. Lortic*).

ÉDITION ORIGINALE.
Un des 15 exemplaires imprimés sur **papier de Chine** ; le frontispice est tiré sur Japon.

791. VERLAINE (Paul). Chair (dernières poésies). *Paris, Bibliothèque artistique et littéraire,* 1896, in-16, mar. vieux rose, filet doré, ailes diaprées en mar. de plusieurs couleurs mosaïquées à froid en haut du premier plat ; à l'int., bord. de mar. orné de fil. et motifs d'angle dor., doublé et gardes de soie vert pâle, têt. dor., non rognés, couverture (*Kieffer*).

ÉDITION ORIGINALE.

Un des 12 exemplaires imprimés sur **papier du Japon** contenant le frontispice de *Félicien Rops* en **trois états.**
On y a ajouté *une courte lettre autographe* de Verlaine, datée de Coulommes, adressée à Léon Vanier.
Curieuse reliure.

792. VERLAINE (Paul). Invectives. *Paris, Vanier,* 1896, in-12, dos et coins de mar. vert, fil., dos orné, tête dor., non rogné, couverture (*Bézard*).

> EDITION ORIGINALE,
> Un des **72** exemplaires imprimés sur **papier de Hollande,** renfermant *une pièce autographe* de l'auteur publiée dans le volume. Celle de cet exemplaire est : *Petty Larcenies.*
> On a ajouté la circulaire du Comité du Monument à P. Verlaine.

793. VEUILLOT (Louis). Satires. *Paris, Gaume frères et J. Duprey,* 1863, in-12, cartonn. dos et coins toile verte, non rogné (*Couvert.*).

> EDITION ORIGINALE.

794. VEUILLOT (Louis). Les Couleuvres. *Paris, Palmé,* 1869, in-12, broché.

> EDITION ORIGINALE.

795. VICAIRE (Gabriel). Emaux Bressans. *Paris, Charpentier et Cie,* 1884, in-12, broché.

> EDITION ORIGINALE.
> Sur le feuillet de garde, *envoi autographe* de l'auteur à Ernest d'Hervilly. Au-dessous, note manuscrite mentionnant un ouvrage de Gabriel Vicaire et la date de sa mort.

796. VIELÉ-GRIFFIN (Francis). Cueille d'Avril. *Paris, Vanier,* 1886, in-16, broché.

> EDITION ORIGINALE.

797. VIELÉ-GRIFFIN (Francis). Ancaeus, poème dramatique (1885-87). *Paris, Vanier, s. d.* (1888), pet. in-8, broché.

798. VIELÉ-GRIFFIN (Francis). Joies. Poèmes (1888-89). *Paris, Tresse et Stock*, 1889, pet. in-8, broché.

> Edition originale.

799. VIELÉ-GRIFFIN (Francis). Les Cygnes, nouveaux poèmes (1890-91). *Paris, Léon Vanier*, 1892, in-12, mar. vert rayé de traits dorés indiquant le frémissement d'une pièce d'eau, cygnes, feuilles et fleurs de nénuphar mosaïqués ; réplique de feuille et fleur sur le second plat, dent. int., têt. dor., non rogné (*Couvert.*).

> Edition originale.
> Exemplaire n° 25 imprimé sur **papier de Hollande**.

800. VILLIERS DE L'ISLE-ADAM. Premières poésies. 1856-1858. *Lyon, Scheuring et C*, 1859, pet. in-8, broché.

> Edition originale.

801. VILLIERS DE L'ISLE-ADAM. Isis. *Paris, Dentu*, 1862, in-8, broché.

> Edition originale.
> *Envoi autographe* de l'auteur sur le faux titre.

802. VILLIERS DE L'ISLE-ADAM. Le Nouveau-Monde, drame en 5 actes, en prose. *Paris, Richard et C*, 1880, gr. in-8, dos et coins mar. vert, dos orné d'un motif dor. à répétition, têt. dor., non rogné (*Kieffer*).

> Edition originale.
> Un des rares exemplaires imprimés sur **papier de Hollande**.
> *Hommage autographe* de l'auteur sur le haut du titre ; le nom a été coupé et la partie enlevée a été très habilement réparée.

803. VILLIERS DE L'ISLE-ADAM. Contes cruels. *Paris, Calmann Lévy*, 1883, in-12, broché.

> Edition originale.

804. VILLIERS DE L'ISLE-ADAM. Akëdysséril. *Paris.
De Brunhoff,* 1886, in-8, broché.

> Première édition illustrée tirée à 250 exemplaires sur papier
> du Japon, avec portrait de Villiers de l'Isle-Adam et frontispice
> par *F. Rops.* Ce dernier est en trois états.

805. VILLIERS DE L'ISLE-ADAM. L'Amour suprême.
Paris, De Brunhoff, 1886, in-12, vignettes dans le texte,
broché.

> Édition originale, sous une couverture datée de 1888, à
> l'adresse de Piaget, illustrée comme la première par *José Roy.*

806. VILLIERS DE L'ISLE-ADAM. L'Eve future. *Paris,
De Brunhoff,* 1886, in-12, broché.

> Édition originale.

807. VILLIERS DE L'ISLE-ADAM. Nouveaux Contes
cruels. *Paris, Librairie illustrée, s. d.* (1888), in-18,
broché.

> Édition originale.

808. VILLIERS DE L'ISLE-ADAM. Histoires insolites.
Paris, Librairie moderne, 1888, in-12, broché.

> Édition originale.

809. VILLIERS DE L'ISLE-ADAM. Axël. *Paris, Maison
Quantin,* 1890, in-8, broché.

> Édition originale.

810. ZOLA (Émile). Ed. Manet, étude biographique et critique accompagnée d'un portrait d'Ed. Manet par Bracquemond et d'une eau-forte d'Ed. Manet d'après Olympia.
Paris, Dentu, 1867, plaquette in-8 de 48 pages, brochée.

> Édition originale.

811. ZOLA (Émile). La Fortune des Rougon. *Paris,*

Lacroix, *Verboeckhoven et Cie*, 1871, in-12, dos et coins
de mar. rouge, fil., dos orné et mosaïqué, têt. dor., non
rogné, couverture (*Kieffer*).

Edition originale.
Envoi autographe de l'auteur sur le faux titre.

812. ZOLA (Émile). La Curée. *Paris, Librairie Interna-
tionale*, 1871, in-12, dos et coins mar. rouge, dos orné à
froid et mosaïqué, têt. dor., non rogné, couverture
(*Kieffer*).

Edition originale; couverture datée de 1872.

813. ZOLA (Émile). Le Ventre de Paris. *Paris, Charpentier
et Cie*, 1873, in-12, dos et coins de mar. rouge, fil., dos
orné et mosaïqué, têt. dor., non rogné, couverture
(*Kieffer*).

Edition originale.
Envoi autographe de Zola à Jules Claretie sur le faux titre.

814. ZOLA (Émile). La Conquête de Plassans. *Paris,
Charpentier et Cie*, 1874, in-12, dos et coins mar.
rouge, dos orné à froid et mosaïqué, têt. dor., non rogné,
couverture (*Kieffer*).

Edition originale.

815. ZOLA (Émile). La Faute de l'Abbé Mouret. *Paris,
Charpentier et Cie*, 1875, in-12, dos et coins mar.
rouge, dos orné et mosaïqué, têt. dor., non rogné, couverture (*Kieffer*).

Edition originale.

816. ZOLA (Émile). Son Excellence Eugène Rougon. *Paris,
Charpentier et Cie*, 1876, in-12, dos et coins de mar.
rouge, fil. à froid, dos orné et mosaïqué, têt. dor., non
rogné, couverture (*Kieffer*).

Edition originale; couverture et premiers feuillets tachés.

817. ZOLA (Émile). L'Assommoir. *Paris. G. Charpentier,*
1877, in-12, dos et coins de mar. rouge, fil., dos orné et
mosaïqué, têt. dor., non rogné, couverture (*Kieffer*).

> Edition originale.
> Un des **75** exemplaires imprimés sur **papier de Hollande**.

818. ZOLA (Émile). Une Page d'amour. *Paris, Charpen-*
tier, 1878, in-12, dos et coins de mar. rouge, dos orné à
froid et mosaïqué, têt. dor., non rogné, couverture(*Kieffer*).

> Edition originale.
> Un des **100** exemplaires imprimés sur **papier de Hollande**.

819. ZOLA (Émile). Nana. *Paris, Charpentier,* 1880,
in-12, dos et coins de mar. rouge clair. dos orné à froid
et mosaïqué, têt. dor., non rogné, couverture (*Kieffer*).

> Edition originale.
> **Papier de Hollande.**

820. ZOLA (Émile). Pot-Bouille. *Paris, Charpentier,* 1882,
in-12, dos et coins de mar. rouge, dos orné à froid et
mosaïqué, têt. dor., non rogné, couverture (*Kieffer*)

> Edition originale.
> **Papier de Hollande.**

821. ZOLA (Émile). Au Bonheur des Dames. *Paris, Char-*
pentier, 1883, in-12, portr. ajouté, dos et coins de mar.
rouge, fil., dos orné et mosaïqué, têt. dor., non rogné,
couverture (*Kieffer*).

> Edition originale.
> **Papier de Hollande.**

822. ZOLA (Émile). La Joie de Vivre. *Paris, Charpentier*
et Cie, 1884, in-12, dos et coins de mar. rouge, fil., dos
orné et mosaïqué, têt. dor., non rogné, couverture
(*Kieffer*).

> Edition originale.
> **Pspier de Hollande.**

823. ZOLA (Emile). Germinal. *Paris, Charpentier et Cie,* 1885, in-12, dos et coins de mar. rouge, fil. à froid, dos orné et mosaïqué, têt. dor., non rogné, couverture (*Kieffer*).

> Edition originale.
> **Papier de Hollande.**

824. ZOLA (Émile). L'OEuvre. *Paris, Charpentier et Cie,* 1886, in-12, dos et coins de mar. rouge clair, dos orné à froid et mosaïqué, têt. dor., non rogné, couverture (*Kieffer*).

> Edition originale.
> **Papier de Hollande.**

825. ZOLA (Émile). La Terre. *Paris, Charpentier & Cie,* 1887, in-12, dos et coins de mar. rouge, fil. à froid, dos orné et mosaïqué, têt. dor., non rogné, couverture (*Kieffer*).

> Edition originale.
> **Papier de Hollande.**

826. ZOLA (Émile). Le Rêve. *Paris, Charpentier et Cie,* 1888, in-12, dos et coins de mar. rouge, fil., dos orné et mosaïqué, têt. dor., non rogné, couverture (*Kieffer*).

> Edition originale.
> **Papier de Hollande.**

827. ZOLA (Émile). La Bête humaine. *Paris, Charpentier,* 1890, in-12, dos et coins mar. rouge, dos orné et mosaïqué, têt. dor., non rogné, couverture (*Kieffer*).

> Edition originale.
> **Papier de Hollande.**

828. ZOLA (Émile). L'Argent. *Paris, Bibliothèque Charpentier,* 1891, in-12, dos et coins de mar. rouge, fil. à froid, dos orné et mosaïqué, tête dor., non rogné, couverture (*Kieffer*).

> Edition originale.
> **Papier de Hollande.**

829. ZOLA (Emile). La Débacle. *Paris, Charpentier et Fasquelle*, 1892, in-12, dos et coins de mar. rouge, fil., dos orné et mosaïqué, têt. dor., non rogné, couverture (*Kieffer*).

> Edition originale.
> **Papier de Hollande.**

830. ZOLA (Émile). Le Docteur Pascal. *Paris, Charpentier et Fasquelle*, 1893, in-12, dos et coins de mar. rouge, fil. à froid, dos orné et mosaïqué, têt. dor., non rogné, couverture (*Kieffer*).

> Edition originale.
> **Papier de Hollande.**

831. ZOLA (Émile). Les Trois villes ; Lourdes, Rome. Paris. *Paris, Charpentier et Fasquelle*, 1894-1898, 3 vol. in-12, dos et coins de mar. rouge, fil. à froid, dos ornés et mosaïqués, têt. dor., non rognés, couvertures (*Kieffer*).

> Editions originales.
> **Papier de Hollande.**

II. — LIVRES ILLUSTRÉS

A. — Livres illustrés du milieu du XIXᵉ siècle.

832. BALZAC (H. de). La Peau de chagrin. Etudes sociales. *Paris, Delloye, Lecou*, 1838, gr. in-8, mar. brun, encadr. de rinceaux et de 2 rangs d'un double fil. dor., dos orné de fers spéciaux, dent. int., tr. dor. (*Rel. de l'époque*).

> Edition illustrée de 100 vignettes dans le texte gravées sur acier d'après *Baron, Gavarni, Français*. On y a ajouté le tirage à part d'un Chine des deux portraits (*Pauline* et *Fœdora*). Ils sont au début du volume.
> Exemplaire de premier tirage possédant la vignette du titre avant la retouche.

833. BALZAC (H. de). OEuvres complètes. Vignettes par
MM. Français, Gavarni, Gérard Séguin, T. Johannot,
Lorentz, Meissonier, H. Monnier, C. Nanteuil, etc.
Paris, Furne et Dubochet, 1842-1848, Houssiaux, 1855,
20 vol. in-8, 154 fig., dos et coins mar. rouge, fil. dor.,
têt. dor., non rogné, couvertures (*Champs*).

> Exemplaire de PREMIER TIRAGE sauf pour le tome XX.
> Quelques couvertures ont la date surchargée ; raccommo-
> dage au dos de l'une d'elles ; le tome XIV ne possède que le
> premier plat de la couverture.

834. BARTHÉLEMY. Nemésis. Quatrième édition, ornée de
15 gravures d'après les dessins de Raffet. *Paris, Perrolin, 1835, 2 vol. in-8, veau bleu, fil., dos plats ornés,
dent. int., tr. marbr. (*Rel. de l'époque*).

> Exemplaire imprimé sur papier vélin fin avec les figures sur
> papier de Chine.
> PREMIER TIRAGE des illustrations de *Raffet*.
> Comme dans l'exemplaire de la Bibliothèque nationale, celui-
> ci contient le portrait de l'auteur par *T. Johannot*, épreuve sur
> papier de Chine.

835. BÉRANGER (P.-J. de). OEuvres complètes. Nouvelle
édition revue par l'auteur, illustrée de cinquante-deux
belles gravures sur acier d'après les dessins de Charlet,
A. de Lemud, Johannot, Daubigny, Raffet, etc. *Paris,
Perrolin, 1847.* — Supplément. *Chez les Marchands de
Nouveautés, 1834.* — Dernières chansons de 1834 à 1851.
Perrolin, 1857. — Ma Biographie, ouvrage posthume.
Ibid., 1858. — Musique des chansons, airs notés anciens
et modernes. *Iid., 1861.* Ens. 6 vol. in-8, dos et coins
mar. rouge, fil., dos ornés, têt. dor., non rognés
(*Raparlier*).

> Exemplaire auquel on a ajouté :
> 1° — Le portrait gravé par *Dutillois* et 102 vignettes en taille-
> douce de l'édition de 1834 (plusieurs épreuves sont du premier
> tirage de 1829 et de format in-12).
> 2° — Les 8 figures libres de *T. Johannot* pour le *Supplément*.

3º — 113 figures de *Grandville* (sur 120), épreuves de premier tirage sur Chine volant.
4º — 14 fig. de *Lemud* pour les *Dernières chansons* et les
8 fig. de *Raffet, Sandoz* et *Wattier* pour *Ma Biographie* ainsi que
le portrait par *Charlet* et une photographie.
5º — Portrait, frontispice et 78 figures de *Grandville* et Raffet
intercalées dans l'album de musique.

836. CERVANTÈS. Don Quijote de La Mancha, nueva
edicion, ilustrada con laminas de colores aparte del texto.
Madrid, P. Mellado, 1855-1856, 2 vol. in-8, basane
rouge, encadr. et milieu orné à froid, dos ornés, tr. jasp.
bleues (*Rel. de l'époque*).

48 lithographies hors texte de *Célestin Nanteuil*; elles sont
coloriées.

837. CHANTS ET CHANSONS POPULAIRES de la
France. *Paris, H.-L. Delloye,* 1843, 3 vol. gr. in-8,
chag. rouge, encadrem. de larges fil. à froid et de fil. dor.
entourant une grande plaque à froid, dos orné, dent.
int., tr. dor. (*Rel. de l'époque*).

PREMIER TIRAGE des illustrations de *Trimolet, Daubigny,*
Steinheil, etc., etc.

838. CHEVIGNÉ (Cᵗᵉ de). Les Contes rémois, dessins de
E. Meissonier. Troisième édition. *Paris, Michel Lévy*
frères, 1858, in-8, dos et coins de mar. rouge, fil., dos
orné, tête dor., ébarbé (*David*).

PREMIER TIRAGE des illustrations de *Meissonier*.
Exemplaire imprimé sur **grand papier vélin**.

839. DERBIGNY (Valéry). Fables, contes et autres poésies.
Paris, Plon frères, 1853, in-8, demi-mar. orange
foncé, dos orné de fil. à froid, têt. dor., ébarbé (*Despierres,*
relieur de l'Empereur).

EDITION ORIGINALE; chaque fable est ornée d'un en-tête et
d'un cul-de-lampe gravés sur bois, non signés.
Hommage autographe de l'auteur « à M. Viennet, membre de
l'Académie française ».

840. DUMAS (Alexandre). Le Comte de Monte-Christo. *Paris, Au Bureau de l'Echo des feuilletons*, 1846, 2 vol. gr. in-8, port. et 29 pl. gravées sur acier, demi-rel. basane violette, dos ornés de fers dor., non rognés (*Rel. de l'époque*).

> PREMIÈRE ÉDITION ILLUSTRÉE et PREMIER TIRAGE des vignettes de *Gavarni* et *Tony Johannot.*
> Rousseurs.

841. GOETHE. Werther, par Goethe. Traduction nouvelle, précédée de considérations sur Werther, et en général sur la poésie de notre époque par Pierre Leroux, accompagnée d'une préface par George Sand. Dix eaux-fortes par Tony Johannot. *Paris, publié par J. Hetzel,* 1845, gr. in-8, demi-rel., dos de chagr. marron, dos plat orné, tr. jasp. (*Rel. de l'époque*).

> 10 eaux-fortes tirées sur papier de Chine en épreuves AVANT la lettre.
> PREMIER TIRAGE.

842. GOLDSMITH. Le Vicaire de Wakefield, par Goldsmith, traduit en français avec le texte anglais en regard, par Ch. Nodier. *Paris, Bourgueleret,* 1838, in-8, mar. bleu à longs grains, encadr. de 3 fil. gras et maigres, dos plat orné, bord. int., tr. dor. (*Blaise*).

> Vignettes dans le texte par *Jacques Marville*, etc. ; frontispice, tiré sur Chine, et 10 figures d'après *Tony Johannot*, en épreuves AVANT la lettre, légendes sur papier de soie.
> BEL EXEMPLAIRE dans une reliure de l'époque bien conservée.

843. GOZLAN (Léon). Aventures merveilleuses et touchantes du Prince Chénevis et de sa jeune sœur. Vignettes par Bertall. *Paris, J. Hetzel,* 1846, pet. in-8, frontisp. et vign., cartonn. toile noire, encadr. dor. et plaques de couleur, vignette tirée en or au centre, tr. dor. (*Cartonn. de l'éditeur*).

> PREMIER TIRAGE.

844. HUGO (Victor). Notre-Dame de Paris. Édition illustrée d'après les dessins de MM. E. de Beaumont, L. Boulanger, Daubigny, T. Johannot, de Lemud, Meissonnier (*sic*), etc., gravés par les artistes les plus distingués. *Paris, Perrotin, Garnier frères,* 1844, gr. in-8, mar. vert, encadr. de 9 fil. dor., dos orné de fil. ainsi que l'int., tr. dor. sur témoins, couverture, étui (*Chambolle-Duru*).

> 55 planches hors texte dont 21 sur acier et 34 sur bois.
>
> On y a ajouté : Une seconde épreuve, sur Chine volant, de la planche : *Esmeralda délivrée par Phœbus,* celle-ci imprimée par Lacrampe et Cie et la première par Béthune et Plon. — *La Esmeralda,* par C. Nanteuil, planche extraite du *Monde dramatique.* — Une figure de *T. Johannot* tirée sur Chine.
>
> La planche : *Paris à vol d'oiseau* a la lettre en petits caractères.
>
> *Deux pièces autographes* de Victor Hugo sont fixées au début du volume. 1° — Une lettre datée de Guernesey, 1862, recommandant la prudence à un jeune homme qui voudrait faire sa carrière des lettres « Le prêtre vit de l'autel, mais le poète ne vit pas de la poésie ». 2° — Un alexandrin isolé, sur feuille in-12, signé du grand poète.

845. JANIN (Jules). Les Symphonies de l'hiver. Illustrations de Gavarni. *Paris, Morizot,* 1858, gr. in-8, 15 pl. gravées sur acier, broché.

> Premier tirage des illustrations de *Gavarni.*
> Bel exemplaire, non coupé.

846. LAPOINTE (Savinien). Une Voix d'En bas, poésies par S. Lapointe, ouvrier cordonnier. *Paris, Bureau de l'Imprimerie, s. d.* (1844), in-8, broché.

> Edition originale, précédée d'une préface par Eugène Sue, suivie de lettres de Béranger, Victor Hugo, L. Gozlan ; elle est illustrée d'un portrait et de 19 planches gravées à l'eau-forte d'après *Elmerich.*
> Dos brisé.

847. LAS CASES (Cte de). Mémorial de Sainte-Hélène, suivi de Napoléon dans l'exil par MM. O'Meara et Anto-

marchi. *Paris, Bourdin,* 1842, 2 vol. gr. in-8, cartonn. toile bleue, milieux ornés des armes impériales tirées en or, encadr. à froid, dos ornés, ébarbés (*Cartonn. de l'éditeur*).

> 29 planches et 2 cartes, tirées sur Chine.
> PREMIER TIRAGE des illustrations de *Charlet, Horace Vernet, Sandoz,* etc.
> Piqûres d'humidité surtout au premier volume; le cartonnage du second est en mauvais état.

848. LIREUX (Auguste). Assemblée Nationale comique, illustrée par Cham. *Paris, Michel Lévy frères,* 1850, gr. in-8, dos et coins mar. rouge, fil., dos orné, têt. dor., non rogné, couverture (*Smeers*).

> 20 planches hors texte gravées sur bois et nombreuses vignettes.
> PREMIER TIRAGE.

849. NODIER (Charles). Journal de l'expédition des Portes de fer. *Paris, Imprimerie royale,* 1844, gr. in-8, mar. vert foncé, jans., les nerfs du dos prolongés à froid sur les plats, doublé de mar. La Vall., compart. d'un double rang de 4 fil. à froid, brisés et noués aux angles, gardes moire verte, doubles gardes, tr. dor. sur témoins, étui (*Ch. Meunier*).

> 40 planches hors texte gravées sur bois d'après les dessins de *Raffet, Decamps, Dauzat,* tirées sur Chine; illustrations dans le texte et carte repliée.
> Ouvrage non mis dans le commerce, publié après la mort du duc d'Orléans pour être offert en souvenir à ses compagnons d'armes.
> Charles Nodier mourut en 1844. Cet exemplaire est celui de Mme Charles Nodier à qui la duchesse d'Orléans le fit adresser en double souvenir du prince et de l'écrivain « qui avait si bien compris et rendu avec tant de talent la pensée du duc d'Orléans ».
> La lettre autographe d'envoi émanant d'un secrétaire du prince royal, est reliée avec le volume.

850. ROUSSEL (Auguste). Les Miettes d'Esope, fables.

Dessins de Gavarni. *Paris, Furne, Jouvet et Cie, s. d.*
(1865), in-8, 9 fig., broché.

ÉDITION ORIGINALE et PREMIER TIRAGE des illustrations.

851. SAINT-PIERRE (Bernardin de). Paul et Virginie.
Paris, L. Curmer, 1838, gr. in-8, portraits sur acier,
vignettes sur bois, mar. bleu, compart. de plusieurs rangs
de fil. dor. droits et courbes entrelacés de rinceaux et
fleurons, dos orné, dent. int., doublé et gardes de moire
blanche, tr. dor.

> Exemplaire offrant toutes les remarques du PREMIER TIRAGE
> sauf pour les tables ; 5 d'entre les figures sur acier sont avant
> le nom de l'imprimeur ; la plupart des papiers de soie pos-
> sèdent la légende imprimée. La vignette de la *bonne femme* se
> trouve à la page 418.
> Intéressante reliure un peu postérieure à l'ouvrage ; nom-
> breux témoins.
> Rousseurs.

852. SUE (Eugène). Les Mystères de Paris, nouvelle édition revue par l'auteur. *Paris, Ch. Gosselin,* 1843-1844,
4 tomes en 2 vol. gr. in-8, demi-rel. veau vert clair, dos
ornés de fers spéciaux, tr. jasp. *(Rel. de l'époque).*

> 81 planches gravées sur acier et sur bois d'après *Nanteuil,
> Pauquet, Daumier, Daubigny,* etc. ; vignettes dans le texte.
> PREMIÈRE ÉDITION ILLUSTRÉE.
> Le tome IV porte de fortes traces d'humidité.

853. SUE (Eugène). Le Juif errant. Edition illustrée par
Gavarni. *Paris, Paulin,* 1845, 4 vol. gr. in-8, demi-
chag. bleu, dos ornés à froid, non rognés *(Rel, de l'époque).*

> 84 planches hors texte, nombreuses vignettes gravées sur
> bois d'après *Gavarni, Pauquet, Karl Girardet* et carte repliée.
> PREMIÈRE ÉDITION ILLUSTRÉE.

854. TÖPFFER. Nouveaux voyages en zigzag à la Grande
Chartreuse, autour du Mont Blanc..., précédés d'une

notice par Sainte-Beuve. Illustrés d'après les dessins originaux de Töpffer. *Paris, Victor Lecou*, 1854, gr. in-8, frontisp. et 47 pl., cartonn. toile bleu foncé, plaque dor. et mosaïquée, tr. jasp. (*Cartonn des éditeurs*).

PREMIER TIRAGE.
Le cartonnage est très frais.

B. — Livres illustrés contemporains.

855. BADAUDERIES PARISIENNES. Les Rassemblements. Physiologies de la rue, observées et notées par Paul Adam, A. Athys, V. Barrucand, Tristan Bernard, L. Blum, R. Coolus, E. La Jeunesse, Jules Renard, P. Veber, etc. Prologue par Octave Uzanne. Gravures hors texte de Félix Valloton, vignettes dans le texte par François Courboin. *Paris, Pour les Bibliophiles indépendants, Floury*, 1896, in-8, dos et coins mar. vert foncé, fil., dos orné, têt. dor., non rogné (*Couvert.*).

Edition tirée à 220 exemplaires par les soins de M. Octave Uzanne.
Exemplaire auquel on a ajouté les fumés de presque toutes les vignettes de *François Courboin* pour le texte ; elles portent les soulignures et indications des retouches au crayon vert ; on y trouvera aussi les fumés de quelques vignettes qui n'ont pas été utilisées.
On y a aussi ajouté le faux titre et le titre imprimés sur papier mince en épreuves avec cachet de l'imprimeur et corrections manuscrites.

856. BARRÈS (Maurice). En Italie. Eaux-fortes en couleurs et vignettes de Aug.-H. Thomas. *Paris, Blaizot, R. Kieffer*, 1911, in-4, papier vélin, mar. La Vall. clair, fil. et motifs à froid au bas du premier plat, dans le haut composition de mar. formant un tableau de couleurs claires qui représente, sur un fond de collines et de ciel, les terrasses et les balustrades d'un jardin italien ; trois pots alignés de géraniums sur le second plat, fil. à l'int., doublés offrant deux eaux-fortes inédites d'Aug.-H.

Thomas imprimés en couleurs sur satin, gardes d'étoffe
moirée gris mauve, doubles gardes, tr. dor. sur témoins,
couverture, étui (*Kieffer*).

Un des **20** exemplaires contenant trois **états** des eaux-fortes
dont deux états successifs en noir et en bistre ; le **tirage à part**
sur Japon mince des vignettes et encadrements du texte et
une **aquarelle originale**, à pleine page, signée de l'artiste.
Belle reliure.

857. **BAUDELAIRE** (Charles). Les Fleurs du Mal. Vingt-
sept compositions par Georges Rochegrosse gravées à
l'eau-forte par Eugène Decisy. *Paris, F. Ferroud*, 1910,
in-8, mar. tête de nègre, milieux ornés d'un crâne entouré de banderolles et fleurs ombellifères, le tout mosaïqué ; crânes répétés aux angles et sur le dos ; à l'int.
bande de mar. avec fil. et motifs d'angle, tête dor., non
rogné, couverture (*Kieffer*).

Un des **100** exemplaires imprimés sur **papier du Japon** contenant les illustrations en deux états dont un avant la lettre avec
remarque.

858. **BERTRAND** (Louis). Gaspard de la Nuit, fantaisie à
la manière de Rembrandt et de Callot. Cinquante illustrations de J. Fontanez. *Paris, Le Livre et l'Estampe*, 1903,
gr. in-4, mar. grenat, grand décor floral mosaïqué et
répété sur chaque plat composé d'un bouquet éparpillé
de jonquilles aux feuilles fauves ou brunes entouré d'un
large ruban de mar. gris, contourné en banderolle et
serti de fil., dor., dos mosaïqué, doublé de mar. La Vall.
clair encadré de mar. grenat, décoration de feuillages
aux différents tons de gris fleuris de corolles rose pâle et
rose foncé, gardes de faille tabac, doubles gardes, tr. dor.
sur témoins, couverture, étui (*Kieffer*).

Exemplaire unique remonté sur papier de Chine de format
pet. in-folio, pour recevoir les **dessins originaux** à la plume
ayant servi à l'illustration de l'ouvrage ; il contient deux états
des illustrations dont un avec remarque tiré pet. in-folio, et la
planche refusée.
Riche reliure.

859. BRUANT (Aristide). Dans la Rue, chansons et monologues. Desseins de Steinlen. *Paris, Aristide Bruant, auteur éditeur, s. d.* (1889), in-12, dos et coins de mar. grenat, fil., dos orné, tête dor., non rogné (*Couvert.*).

ÉDITION ORIGINALE.
Un des **50** exemplaires imprimés sur **papier du Japon**.

860. CAPUS (Alfred). Faux Départ. Illustrations de L. Cappiello. *Paris, Revue Blanche,* 1902, in-12, broché.

PREMIÈRE ÉDITION ILLUSTRÉE.
Un des **15** exemplaires imprimés sur **papier de Chine**; sans la suite des illustrations tirées à part.

861. CLAUDEL (Paul). Le Chemin de la Croix. (A la fin) : *Paris, Librairie de l'Art catholique,* 1914, pet. in-fol. de 14 pag., caractères goth. rouges et [noirs, en feuilles, sous la couverture avec attache.

ÉDITION ORIGINALE tirée à 93 exemplaires avec illustrations de *Sainte-Marie Perrin* comprenant un grand frontispice, 2 vignettes et 14 lettres ornées.
Exemplaire de présent imprimé sur **papier Whatman**.

862. CLAUDEL (Paul). Sainte Thérèse, poème. (A la fin) : *Imprimé sur les presses du Studium,* 1916, très pet. in-4, texte noir et bleu, en feuilles dans un carton vélin blanc orné du titre, du chiffre de la sainte aux angles, d'un fil. dor. sur le premier plat, et sur le second d'une vignette dor.

ÉDITION ORIGINALE ornée d'un frontispice, en-tête, lettre ornée et cul-de-lampe par *Maurice Denis* gravés sur bois, en bleu, par *Jacques Beltrand*.
Un des **9** exemplaires imprimés sur **papier du Japon**.

863. CLEMENCEAU (Georges). Au pied du Sinaï. Illustrations de Henri de Toulouse Lautrec. *Paris, Floury,* 1898, pet. in-4, broché.

Exemplaire imprimé sur papier vélin d'Arches contenant **deux états** des illustrations dont un en couleur sur papier de Chine.

864. CONTES DU TEMPS JADIS. Illustrations de U. Brunelleschi. *Paris, H. Piazza,* 1912, in-4, papier simili Japon, texte encadré, broché.

> Recueil de cinq contes illustré de 20 planches en couleurs hors texte.

865. COURTELINE (Georges). La Vie de caserne. Compositions originales de Henri Dupray. *Paris, Testard,* 1896, in-8, dos et coins mar. chaudron, dos orné et mosaïqué, tête dor., non rogné, couverture (*Kieffer*).

> Un des **30** exemplaires imprimés sur **papier de Chine** ; celui-ci contient une **triple suite** des illustrations dont deux états en couleurs sur Japon, avant et avec la remarque.

866. CROS (Charles). Le Fleuve ; eaux-fortes d'Edouard Manet. *Paris, Librairie de l'Eau-forte, s. d.* (1875), in-4, cartonn. de percal. orange, non rogné.

> Ouvrage tiré à 100 exemplaires sur papier de Hollande.
> Exemplaire de Ph. Burty auquel on a joint une lettre réclamant, de la part des auteurs, un article de publicité pour cet ouvrage.

867. DANTE ALIGHIERI. Vita Nova, illustrée par Maurice Denis, traduite par Henry Cochin. *Paris, Le Livre contemporain,* 1907, in-4, traduction en regard du texte italien, en feuilles dans un carton.

> Beau livre très recherché ; les illustrations de *Maurice Denis* sont gravées sur bois en couleurs par *Camille* et *Georges Beltrand*.
> Tirage à 130 exemplaires ; celui-ci (n° 9) est au nom de M. le Dr E. Goubert.

868. DELMET (Paul). Chansons de Femmes. Poésies de Th. Botrel, Maurice Boukay, L. Forest, Armand Silvestre, Henri Maigrot, etc. Préface d'Armand Silvestre. *Paris, Enoch et Cie,* 1896, pet. in-4, cartonn. dos et coins mar. bleu, non rogné (*Champs*).

> Couverture illustrée et 15 lithographies de *Steinlen*.
> Un des **50** exemplaires imprimés sur **papier du Japon**.

869. DELMET (Paul). Chansons de Montmartre. Lithographies de Steinlen. *Paris, Enoch et Cie, s. d.* (1898), album in-4, broché.

> 16 lithographies en noir.
> Un des 75 exemplaires imprimés sur **papier de Hollande** souscrits par la librairie Carteret.

870. DUCROCQ (Georges). Les Matins lumineux. Compositions de Georges Cornélius, gravées sur bois par J. C. G. M. Beltrand. *Paris, Bibliothèque de l'Occident,* 1909, pet. in-8, fig. dans le texte, en feuilles dans un carton.

> Tirage à 200 exemplaires sur papier de Hollande Van Gelder ; celui-ci, non numéroté, a été dédié par Jacques Beltrand à M. Féquet, l'imprimeur des gravures.

871. DUMAS FILS (Alexandre). La Dame aux camélias. Préface par M. Jules Janin. *Paris, Michel Lévy frères,* 1872, gr. in-8, papier de Hollande, portrait de Marie Duplessis, dos et coins de mar. citron, fil., dos orné, tête dor., non rogné, couverture (*Pagnant*).

> Exemplaire auquel on a ajouté : le portrait de l'auteur et les 10 eaux-fortes gravées par *Los Rios* d'après *A. Besnard* publiés par la librairie Rouquette pour cette édition, ainsi qu'un fac-similé. Le portrait est en deux états et les figures en **trois états :** eau-forte pure et AVANT lettre sur Chine et Japon.
> Lettre autographe de Los Rios à l'éditeur Quantin jointe ; elle est relative au nouveau tirage de ces illustrations pour l'édition de 1886.

872. DUMAS FILS (Alexandre). Théâtre complet, avec préfaces inédites. *Paris, Calmann Lévy,* 1890-1893, 7 vol. — Théâtre des Autres. *Ibid., id.,* 1894, 2 vol. Ens. 9 vol. in-8, dos et coins mar. rouge, fil., dos ornés, têt. dor., non rognés, couvertures (*David*).

> Edition ornée de frontispices et vignettes gravés à l'eauforte par *Abot* et par *Ruet* d'après *Robaudi.*
> Exemplaire imprimé sur **papier vergé** texte réimposé, contenant les illustrations en **trois états** dont l'**eau-forte pure.**
> Une épreuve, un peu différente, a été ajoutée pour 2 frontispices.

873. DUMAS FILS (Alexandre). Affaire Clémenceau. Mémoire de l'accusé. *Paris, Durel*, 1909, gr. in-8, en feuilles avec la couverture dans un carton.

> Edition spéciale tirée à 110 exemplaires, tous sur papier vélin d'Arches ; elle est précédée d'une lettre autographiée de Jules Claretie.
> . On a intercalé dans l'exemplaire la suite du frontispice et de 10 eaux-fortes de *Albert Besnard* publiée pour cet ouvrage ; le frontispice est en six états et les figures en deux états.

874. FÉE DU ROCHER (La) par Armand Silvestre, Francis Thomé et Jules Chéret. Ballet-pantomime en deux actes et six tableaux. *Paris, Conquet*, 1894, in-fol., cartonn. dos et coins toile vert clair, non rogné, couverture (*Carayon*).

> Edition originale.
> Edition spéciale imprimée sur les pierres originales et tirée à 100 exemplaires sur papier vélin glacé et renfermant deux états des illustrations dont un en couleurs avant le texte et la musique.

875. FLAUBERT (Gustave). Salammbô. Compositions de Georges Rochegrosse, gravées à l'eau-forte par Champollion. Préface par Léon Hennique. *Paris, Ferroud*, 1900, 2 vol. gr. in-8, dos et coins mar. orange, fil., dos ornés, têt. dor., non rognés, couverture (*Champs*).

> Exemplaire imprimé sur grand vélin d'Arches contenant deux états des illustrations dont un avant la lettre.

876. FLAUBERT (Gustave). Madame Bovary. Compositions de Alfred de Richemont, gravées à l'eau-forte par C. Chessa. Préface par Léon Hennique. *Paris, F. Ferroud*, 1905, in-4, mar. bleu vert, les plats distribués en compart. de pointillé dor. avec pet. rosaces aux angles, ornés chacun d'un décor à froid, sorte d'arbuste stylisé d'où pendent des chatons aux grains de mar. rouge sertis de fil. dor., fil. et dent. ; à l'int., encadr. de mar. avec fil. et motifs d'angle, doublé et gardes de soie bleue à pet.

dessins blancs, doubles gardes, têt. dor., non rogné, couverture, étui (*Kieffer*).

Exemplaire n° 27 imprimé sur **grand vélin** d'Arches contenant les illustrations en **trois états** dont l'eau-forte pure.
Spécimen et prospectus ajoutés.

877. FLAUBERT (Gustave). La Tentation de Saint Antoine. Compositions de Georges Rochegrosse gravées en couleurs par E. Decisy. *Paris, Ferroud,* 1907, pet. in-4, texte encadré, dos et coins mar. rouge, têt. dor., non rogné, couverture (*Stroobants*).

Exemplaire imprimé sur **papier du Japon** offert par l'éditeur à M. Maurice Glomeau ; il renferme un seul état des illustrations.
Spécimen sur Japon et sur Hollande ajoutés.

878. GIDE (André) et Maurice DENIS. Le Voyage d'Urien. *Paris, Librairie de l'Art indépendant,* 1893, pet. in-4, fig. en couleurs, broché.

Édition originale, tirée à 300 exemplaires.

879. GINESTE (Raoul). Soirs de Paris. Dessins de Minartz gravés sur bois par Paillard. *Paris, Imprimé pour Henri Beraldi,* 1903, pet. in-8, broché.

Tirage unique à 138 exemplaires numérotés sur papier vélin de cuve ; celui-ci (n° 131) est au nom de M. Gruitgens.

880. GOUDEAU (Emile). Poèmes parisiens, illustrations de Ch. Jouas, gravées sur bois par H. Paillard. *Paris, imprimé pour Henri Beraldi,* 1897, in-8, dos et coins de mar. vert, fil., dos orné et mosaïqué, tête dor., non rogné, couverture (*Carayon*).

Édition tirée à 138 exemplaires sur papier de Chine. Celui-ci est imprimé au nom de M. Arnaud.

881. HEREDIA (José–Maria de). Les Trophées. Trente-trois compositions de Georges Rochegrosse, gravées à l'eau-

forte par E. Decisy. *Paris, F. Ferroud,* 1914, in-4, texte
encadré, dos et coins de mar. bleu, fil., dos orné de
compart. de pointillé et motifs dor., têt. dor., non rogné,
couverture (*M. Lortic*).

Exemplaire n° 121 imprimé sur **grand vélin d'Arches** contenant **deux états** des illustrations dont un AVANT la lettre avec
remarques.

882. HUGO (Victor). Cinq Poèmes — Booz endormi —
Bivar — O Soldats de l'An deux ! — Après la Bataille
— Les Pauvres Gens, ornés de trente-cinq compositions
de Auguste Rodin, Eugène Carrière, Daniel Vierge, Wil-
lette, Dunki, Steinlen. *Paris, Pelletan,* 1902, in-4, mar.
vert olive, jans. ; à l'int., encadr. de 3 fil., motifs
d'angles, doubl. et gardes de soie verte brochée, doubles
gardes, tête dor., non rogné, couverture, étui (*Kieffer*).

Un des **20 exemplaires** imprimés sur **Japon ancien**, contenant
un **tirage à part** sur **papier de Chine** de toutes les illustrations.

883. HUYSMANS (J.-K.). Les Sœurs Vatard, illustrées de
vingt-huit compositions de cinq hors texte en couleurs
par J.-F. Raffaëli. Préface de Lucien Descaves. *Paris,
F. Ferroud,* 1909, pet. in-4, broché.

Un des **60** exemplaires imprimés sur **grand papier** vélin
d'Arches contenant le **tirage à part** des eaux-fortes en noir du
texte (2 eaux-fortes en couleurs hors texte sont seules en
deux états).
On y a ajouté :
1° — La suite complète des **eaux-fortes pures**.
2° — *Une page autographe* de Huysmans, fragment d'un
article sur Hambourg, ayant servi pour l'impression.

884. JAMMES (Francis). Clara d'Ellébeuse ou l'histoire
d'une ancienne jeune fille. *Paris, Mercure de France,*
1912, in-4, mar. vert pré, fil. et milieux ornés de compart.
de pointillé dor., large encadr. mosaïqué à froid de bou-
quets de fleurs rouges, dos orné et mosaïqué ; à l'int.,
bord. de mar. orné de fil., point. et motifs d'angles,

doublé et gardés de soie blanche genre ancien à semis de roses, doubles gardes, tr. dor. sur témoins, couverture, étui (*Kieffer*).

Edition illustrée de figures en couleurs dans le texte par *Robert Bonfils*.
Exemplaire imprimé sur **satin blanc** contenant les illustrations tirées en couleurs ; chaque feuillet est monté sur onglets. Jolie reliure.

885. KIPLING (Rudyard). La Plus belle histoire du Monde. Traduit de l'anglais par Louis Fabulet et Robert d'Humière. Accompagnée de vingt croquis de Maxime Dethomas. *Paris, René Kieffer*, 1919, pet. in-4, fig. en couleur, broché.

EDITION ORIGINALE de cette traduction.
Un des **50** exemplaires imprimés sur **papier du Japon** contenant le **tirage à part** des illustrations.

886. LACORDAIRE (Le R. P.). Vie de Saint Dominique. Introduction du R. P. Janvier. Illustrations de Maurice Denis. *Paris, Jacques Beltrand*, 1919, in-4, en feuilles avec la couverture dans un carton.

Belle édition imprimée à 330 exemplaires par l'Imprimerie Nationale ; les illustrations de *Maurice Denis*, gravées sur bois par les frères *Beltrand*, sont tirées en couleurs dans le texte.
Spécimen de publication ajouté.

887. LA FONTAINE. Fables, publiées par D. Jouaust, avec une introduction par Saint-René Taillandier, ornées de douze dessins originaux de Bolmer, Daubigny, Detaille, Gérôme, Leloir, Millet, Stevens. Portrait.. gravé par Flameng. *Paris, Libr. des Bibliophiles*, 1873, 2 vol. gr. in-8, mar. rouge, double encadr. de fil. et pet. dent., motifs aux angles et sur les côtés, dos ornés, dent. int., tr. dor. (*Hardy*).

Edition dite des Douze peintres.
Un des **100** exemplaires imprimés sur **papier vergé** contenant **deux états** (sauf pour une figure) des 2 suites des illustrations dont un AVANT la lettre.

888. LAFORGUE (Jules). Moralités légendaires. (A la fin) :
A Epping (Essex), Angleterre et Paris, Mercure de France,
1897, 2 vol. in-8, mar. grenat, les plats ornés au centre
d'une plaque à fond doré sur laquelle se détachent deux
cornes d'abondance croisées, encadr. d'un gros pointillé
à froid, formant deux compartiments au-dessus et au-
dessous du motif central, têt. dor. ; à l'int., bord de mar.
orné de filets et pointillé dor., têt. dor., non rognés,
couvertures, étuis (*Kieffer*).

> Jolie édition, devenue rare, tirée à 220 exemplaires sur papier
> de Hollande ; elle est ornée d'un frontispice, de bordures et
> lettres dessinées et gravées sur bois par *Lucien Pissarro*.

889. LAMARTINE. Jocelyn, épisode avec dessins de Besnard, gravés par de Los Rios, portrait gravé par Champollion. *Paris, Libr. des Bibliophiles,* 1875, in-8, dos et
coins de mar. bleu, fil., dos orné, tête dor., non rogné,
couverture (*M. Lortic*).

> Un des **20** exemplaires imprimés sur **papier Whatman** conte-
> nant les illustrations en épreuves AVANT la lettre.

890. LORRAIN (Jean). Narkiss. Dessins de O. D. V. Guil-
lonnet gravés par X. Lesueur. Préface de J. Doucet. *Paris,*
Edition du Monument, Ferroud, 1908, in-8, dos et coins
mar. noir, dos orné à froid, têt. dor., non rogné, couverture
(*Kieffer*).

> Tirage à 75 exemplaires
> Un des 50 exemplaires imprimés sur papier du Japon ren-
> fermant **deux états** des illustrations : en couleur, et en bistre
> AVANT la lettre.

891. MALLARMÉ (Stéphane). Les Dieux antiques, nouvelle
mythologie illustrée d'après George W. Cox et les travaux
de la science moderne. *Paris, Rothschild,* 1880, in-8,
illustr. dans le texte, broché.

> EDITION ORIGINALE.

892. MALLARMÉ (Stéphane). L'Après-midi d'un faune,
églogue. Nouvelle édition avec frontispice, ex-libris, fleurons et culs-de-lampe par Manet. *Paris, Vanier*, 1887,
plaquette in-8 de 16 pages, brochée.

Édition imprimée sur Japon.

893. MAROT (Clément). Ballades, rondeaux et chansons.
Eaux-fortes en couleurs et bois dessinés et gravés par
par Georges Bruyer. *Paris, Blaizot, R. Kieffer*, 1910, gr.
in-8, mar. vert vif, cuivre encastré sur le premier plat, ce
cuivre est celui de la fig. pag. 8 « Du temps que Marot
estait au Palais à Paris », au-dessous sur le mar., à froid en
lettres gothiques, les quatre premiers vers de cette poésie, fil.
noir sur le second plat et le dos ; à l'int., encadr. de mar.
vert orné de 2 fil. dor., doublés de soie paille imprimés
d'un semis de salamandres et au centre de deux vignettes,
différentes, compositions de l'illustrateur non reproduites
dans le volume, gardes de soie bleue quadrillée de blanc,
doubles gardes, têt. dor., non rogné, couverture, étui
(*Kieffer*).

Un des 20 exemplaires (nᵒ 7 sur papier vélin) contenant
trois états des illustrations dont l'eau-forte pure, le tirage à
part des bois sur Japon pelure et une aquarelle originale à
pleine page signée de G. Bruyer.

894. MAUCLAIR (Camille). Les Danaïdes, contes, illustrations de Besnard, Carrière, Fantin-Latour, La Gandara,
Le Sidaner, Lévy Dhurmer, Rochegrosse. *Paris, Le
Livre et l'Estampe, s. d.* (1903), gr. in-8, dos et coins de
mar. violet, fil., dos orné et mosaïqué, tête dor., non
rogné, couvert. (*Carayon*).

Un des 50 exemplaires imprimés sur **papier de Chine**, contenant une **double suite** des illustrations, épreuves AVANT et avec
la lettre.

895. MAUPASSANT (Guy de). Clair de Lune. Illustrations
de Arcos, — Boutet de Monvel — Gambard — Grasset

— Jeanniot — Adrien Marie — Mars — Merwarth —
Myrbach — Renouard — Rochegrosse — Tirado.
Paris, Ed. Monnier, 1884, in-4, dos et coins de mar.
orange, fil., dos orné, tête dor., non rogné, couverture
(*M. Lortic*).

> Première édition illustrée.
> Un des 100 exemplaires imprimés sur **papier du Japon** avec
> une suite supplémentaire des figures, imprimée en sanguine.

896. MENDÈS (Catulle). Hespérus. Illustrations en couleurs de Carloz Schwabe. *Paris, Soc. de Propagation des
Livres d'art,* 1904, in-4, mar. La Vall. clair, les plats
couverts d'une décoration symétrique de pommes de pin
brunes ou blondes, de grosseurs différentes, sur un fond
d'aiguilles de pin, dos orné, à l'int., cadr. de mar. avec
compart. de fil. et motifs d'angle, doublé et gardes de
soie claire aux tons fondus, doubles gardes, têt. dor., non
rogné, couverture, étui (*Kieffer*).

> Un des 12 exemplaires imprimés sur **papier du Japon**, texte
> réimposé contenant une suite complète des **fumés sur Japon**
> pelure, tirés par le graveur.
> Reliure ayant figuré à l'exposition de Philadelphie.

897. MONTESQUIOU (Cte Robert de). Les Perles rouges,
93 sonnets avec quatre eaux-fortes inédites de Albert
Besnard. *Paris, Fasquelle,* 1899, pet. in-4, broché.

> Édition de luxe publée la même année que l'édition originale
> in-12, et tirée à 160 exemplaires ; celui-ci est un des 150 impri-
> més sur vélin de cuve.

898. MOREL (Emile). Les Gueules noires. Préface de Paul
Adam. 15 lithographies hors texte et vignettes par Steinlen.
Paris, Sansot et Cie, 1907, in-4, broché.

> Premier tirage des illustrations de *Steinlen* (le titre porte
> 4e édition).
> Un des 25 exemplaires imprimés sur **Japon** contenant **deux
> états** des planches hors texte et de la couverture : en bistre et
> en noir.

899. MOSELLY (Emile) [Emile Chénin]. La Charrue
d'érable. *Paris, Le Livre contemporain (The Eragny press,
London)*, 1912, pet. in-8, rel. souple veau vert, non
rogné, étui.

Édition originale, ornée d'illustrations de *Camille Pissarro*
gravées sur bois en couleurs ; elle a été tirée à 116 exemplaires.

900. MOUREY (Gabriel). Fêtes foraines de Paris, gravures
d'Edgar Chahine. *Paris*, 1906 (*Imprimé pour les Cent
Bibliophiles*), in-8, dos et coins de mar. violet, dos orné
et mosaïqué, tête dor., non rogné, couverture (*Kieffer*).

Édition tirée à 130 exemplaires, par les soins de M. Eugène
Rodrigues ; celui-ci est imprimé au nom de M. P. Dauze.

901. MUSSET (Alfred de). Rolla. Compositions de Georges
Desvallières reproduites en couleurs par Fortier et
Marotte. *Paris, Librairie de la Collection des Dix, Roma-
gnol*, 1906, gr. in-8, nombr. figures en couleurs, broché.

Un des **45** exemplaires imprimés sur **papier vélin de cuve,**
contenant **trois états,** dont un en noir, des planches hors texte et
le **tirage à part des vignettes.**
Édition tirée à 300 exemplaires ; prospectus ajouté.

902. NERVAL (Gérard de). Histoire de la reine du matin
et de Soliman, prince des Génies. *Paris, les Cent Bibliophiles*, 1909, pet. in-8, veau gris gaufré, ornements
dorés de style oriental (*Reliure souple*).

Tirage limité à 130 exemplaires imprimés sur papier de
Hollande et ornés d'illustrations dessinées par *Lucien Pissarro*
et gravés sur bois, en couleurs, par *Esther* et *Lucien Pissarro*.

903. NODIER (Charles). Histoire du chien de Brisquet,
précédée d'une Lettre à Jeanne par Anatole France.
25 compositions de Steinlen, gravées par Deloche,
E. Froment, E. et F. Florian. *Paris, Pelletan*, 1900,
in-4, mar. Havane, décor hexagonal de deux rangs de
pointillé à froid avec petites rosaces de mar. noir mo-

saïquées à chaque angle des fil., milieux et coins ornés
de palmes dor. sur fond de mar. vert clair ; à l'int.,
encadr. de mar. orné d'un double fil. au pointillé coupé
de plaques dor., doublé et gardes de soie verte imprimée
de gros points noirs lisérés de blanc, doubles gardes, têt.
dor., non rogné, couverture, étui (*Kieffer*).

Exemplaire n° VI imprimé pour M. Pierre Dauze sur papier
vélin et contenant **deux suites** hors texte des illustrations : sur
Chine et sur Japon ancien.

904. PÉLADAN (Joséphin) [sous le pseudonyme Marquis
de Valognes]. Femmes honnêtes ! avec un frontispice de
Félicien Rops et douze compositions de Bac. *Paris,
Monnier et Cie*, 1885, in-8, broché.

ÉDITION ORIGINALE.
Un des **30** exemplaires imprimés sur **papier du Japon**.

905. POPELIN (Claudius). Cinq octaves de sonnets.
Paris, Lemerre, 1875, gr. in-8, texte encadré d'ornements divers, broché.

ÉDITION ORIGINALE.
Un des quelques exemplaires sur **grand papier vélin** offert à
Isidore Pils par un *envoi autographe* de Claudius Popelin sur la
couverture ; note manuscrite sur le feuillet de garde mention-
nant que ce livre fut acquis à la vente de M. Pils, artiste
peintre, membre de l'Institut.

906. RAMBAUD (Yveling). Force psychique, Illustrations
de Albert Besnard, gravées sur bois par Florian. Préface
par Victorien Sardou. *Paris, Baschet*, 1889, in-4, en
feuilles avec la couverture.

Un des **10** exemplaires imprimés sur **papier du Japon** renfermant **deux états** des illustrations, dont un AVANT la lettre sur
papier pelure, en épreuves signées par l'artiste et par le
graveur.

907. RÉGNIER (Henri de). Esquisses vénitiennes ; avec
10 planches hors texte gravées en taille-douce et des

dessins dans le texte par Maxime Dethomas. *Paris, Coll. de l'Art décoratif*, 1906, in-4, broché.

ÉDITION ORIGINALE.
Un des **40** exemplaires imprimés sur **papier de Hollande** contenant **deux états** des planches hors texte : en noir et en couleurs.
Envoi autographe de 6 lignes ajouté, adressé à M. Pierre Dauze.

908. **RÉGNIER** (Henri de). La Cité des Eaux. Eaux-fortes originales de Ch. Jouas. *Paris, Aug, Blaizot, R. Kieffer*, 1912, in-4, mar. vert clair, couvert de pet. compart. de fil. noirs séparés par des rosaces, encadr. de veau fauve marb. orné de pointillé dor. et motifs d'angles ; au centre et vers le haut, médaillon ovale de cuirs incisés offrant un groupe d'amours soutenant une vasque d'où fuse un jet d'eau retombant, guirlande de feuillages dor. et de fleurs mosaïquées, couronnant le médaillon et s'enroulant autour de l'encadr., dos orné et mosaïqué : à l'int., fil. et point., doublé de soie imprimée, gardes de soie vert pâle brochée de blanc, doubles gardes, tr. dor. sur témoins, couverture, étui (*Kieffer*).

Un des **10** exemplaires imprimés sur **Japon ancien** à la forme renfermant tous les états du graveur, soit 5 et 6 états pour chaque planche, plus une suite en couleurs. Ils sont enrichis d'une **aquarelle originale** à pleine page de Ch. Jouas. Celle de cet exemplaire représente le toit de la chapelle du château de Versailles.
La doublure des plats de la reliure a été faite de deux illustrations tirées sur satin qui ne figurent pas à la table : statue équestre dans le parc et vue du bassin d'Apollon ; les eaux-fortes pures de ces figures sont ajoutées au volume.
Une des belles reliures de Kieffer.

909. RÉGNIER (Henri de). Les Rencontres de M. de Bréot. Illustrations de Robert Bonfils. *Paris, René Kieffer*, 1919, pet. in-4, fig. coloriées, broché.

Un des **20** exemplaires imprimés sur **papier vélin de cuve** contenant le **tirage à part** en noir des illustrations et une **aquarelle originale** de *Robert Bonfils*.

910. ROSTAND (Edmond). Cyrano de Bergerac, drame en cinq actes, illustré par MM. Besnard, Flameng, Albert Laurens, Léandre, Adrien Moreau, Thévenot, gravé par Romagnol. *Paris, A. Magnier*, 1899, très gr. in-8, mar. tête de nègre, grande composition de Chevroton sur cuir fauve incisé décorant le premier plat : larges feuilles dentelées et fleurs de chardon courant autour du titre, et dans le haut, sous un ciel embrasé et un rang de crêtes rougeâtres, l'envol d'un archange tenant une épée d'or ; à l'int., doubl. de mar. havane encadré d'un triple rang de fil., gardes de soie brochée noir et grenat, tr. dor. sur témoins, couverture, étui.

> Un des 40 exemplaires imprimés sur **papier de Chine** fort contenant **trois états** des illustrations dont l'état avant la lettre et celui avant les retouches, plus une épreuve en chromolithographie pour chacune des planches hors texte.
> Exemplaire portant la signature d'Edmond Rostand à la date de 1903 ; il renferme 5 photographies, au bromure, de Coquelin dans le rôle de Cyrano chacune portant au-dessous, en légende, un vers de la pièce, copié par l'artiste avec sa signature. Ces belles épreuves, tirées sur papier parchemin souple sont de même format que le volume.

911. **SAINT-FRANÇOIS D'ASSISE**. Petites Fleurs de Saint François d'Assise, traduites de l'italien par André Pératé, illustrées par Maurice Denis. *Paris, Jacques Beltrand, graveur-imprimeur-éditeur*, 1913, in-4, en feuilles, dans un carton.

> Edition tirée à 120 exemplaires par l'Imprimerie Nationale ; elle est illustrée d'un frontispice, de nombreuses figures dans le texte et d'un encadrement à chaque page, le tout gravé sur bois et tiré en couleurs.
> Un des livres illustrés contemporains les plus recherchés.

912. SCHWOB (Marcel). La Porte des Rêves, illustrations de Georges de Feure. *Paris, Pour les Bibliophiles indépendants, Floury*, 1899, in-4, broché.

> Edition publiée par les soins de M. Octave Uzanne et tirée à

220 exemplaires sur papier du Japon ; elle est ornée d'un triple-frontispice colorié à la main à l'aquarelle, de 16 planches gravées sur bois, d'encadrements et culs-de-lampe.

913. THÉOCRITE. Les Idylles, traduction de Leconte de Lisle. *Paris, Imprimé pour la Société du Livre d'Art,* 1911, pet. in-4, broché, sous une enveloppe avec étui.

> Edition tirée à 135 exemplaires sur papier vélin d'Arches, publiée sous la direction de MM. Sancholle-Henraux et H. de Seynes de Larlenque.
> Illustrations en couleurs de *René Ménard,* encadrements dessinés par *J. Bellrand* et gravés sur bois.

914. VERLAINE (Paul). Confessions. Illustrations de F.-A. Cazals. *Paris, Bibl. Artistique et littéraire,* 1899, in-12, broché.

> Seconde édition des *Confessions* ; la première illustrée.
> Un des 6 exemplaires imprimés sur **papier du Japon.**

915. VERLAINE (Paul). Parallèlement. Lithographies originales de Pierre Bonnard. *Paris, Ambroise Vollard (Imprimerie Nationale),* 1900, in-4, mar. rouge, les plats ornés en hauteur de 7 rangs espacés d'un entre-deux au pointillé à froid formant un réseau de dentelle sur lequel se détachent de gros pois noirs disposés régulièrement, le tout barré en largeur de deux rectangles « parallèles », à fond doré, entourant les plats et le dos, sorte de ruban où s'imprime en rouge, en longues lettres anglaises, le nom de l'auteur et le titre, têt. dor. ; à l'int., encadr. de mar. rouge orné de 3 fil. dor., doublé et gardes de soie noire, doubles gardes, têt. dor., non rogné, couverture, étui (*Kieffer*).

> Tirage à 200 exemplaires ; on a ajouté à la fin de celui-ci la première couverture et le premier titre, très rares, avec la marque de l'Imprimerie nationale et l'autorisation d'imprimer.
> Spécimen de publication également ajouté.

916. VERLAINE (Paul). Sagesse. Soixante-dix Images en

couleurs de Maurice Denis, gravées sur bois par Beltrand.
Paris, Vollard, 1911, pet. in-4, en feuilles, dans le carton
de l'éditeur.

Édition tirée à 250 exemplaires; celui-ci est un des 210 sur
papier de Hollande. Spécimen de publication joint à l'ouvrage.

917. VERLAINE (Paul). Poèmes saturniens. Illustrations
de H. Bouché-Leclercq, *Paris, A. Messein,* 1914, gr. in-8,
mar. citron, figure argentée de Saturne et son anneau,
au-dessous, titre frappé en lettres dor., courroies de fer-
meture simulée par deux étroites bandes de mar. noir bar-
rant les plats ; à l'int., bord. de mar. orné d'une bande de
mar. noir, doublé et gardes d'ottoman noir, doubles gardes,
têt. argentée, non rogné, couverture, étui (*Kieffer*).

Un des 50 exemplaires imprimés sur **papier du Japon** renfermant le **tirage à part**, en une seule teinte, des illustrations en
couleurs du texte.

918. VERLAINE (Paul). La Bonne Chanson. Illustrations
de Paul Guignebault. — Fêtes galantes. Croquis et
vignettes de Roger Bonfils. — Romances sans paroles.
Illustrations de Ch. Picart Le Doux. *Paris, Messein,*
1914-1920, 3 vol. in-8, fig. en couleurs, brochés.

Un des **50** exemplaires imprimés sur **papier du Japon**, sous-
crits par M. René Kieffer, contenant le **tirage à part** sur Japon
pelure des illustrations.

919. VIGNY (Alfred de). Eloa ou La Sœur des anges,
Illustrations de Maurice Denis. *Paris, Le Livre Contemporain,* 1917, pet. in-4, en feuilles, dans un carton.

Tirage à 126 exemplaires.
Les illustrations de *Maurice Denis,* gravées sur bois, sont tirées
en couleurs dans le texte; elles ont été gravées par *Jacques,
Camille* et *Georges Beltrand.*

C. — Livres modernes en tous genres. Beaux-arts.

920. ASSELINEAU (Charles). Mélanges tirés d'une petite
Bibliothèque romantique, illustrés d'un frontispice à
l'eau-forte de Célestin Nanteuil et de vers de Théodore de
Banville et Charles Baudelaire. *Paris, René Pincebourde,*
1866, in-8, cartonn. demi-mar. olive, non rogné.

> Edition originale.
> Un des 15 exemplaires imprimés sur **papier chamois** renfer-
> mant le frontispice en trois épreuves de couleur différente.

921. DURET (Théodore). Histoire d'Edouard Manet et de
son œuvre. Avec un catalogue des peintures et des pas-
tels. *Paris, Floury,* 1902, pet. in-4, demi-rel. chag. fauve
clair, fil., têt. dor., non rogné, couverture (*Contier*).

> 23 planches de reproduction hors texte dont 2 eaux-fortes,
> 4 figures coloriées et quelques héliogravures.

922. DURET (Théodore). Histoire des Peintres impres-
sionnistes: Pissaro, Claude Monet, Sisley, Renoir, Berthe
Morisot, Cézanne, Guillaumin. *Paris, Floury,* 1906, in-4,
dos et coins de mar. tête de nègre, dos orné et mosaïqué,
tête dor., non rogné, couverture (*Kieffer*).

> Un des 100 exemplaires imprimés sur **papier du Japon**, con-
> tenant **une double suite** des gravures hors texte.

923. GONCOURT (Edm. et J. de). L'Art du dix-huitième
siècle, par Edmond et Jules de Goncourt. *Paris, Dentu*
(*Lyon, impr. Perrin*), 1859-1875, 12 fascicules en 1 vol.
in-4, dos et coins de mar. bleu, fil., dos orné, tête dor.,
non rogné.

> Première édition, tirée à 200 exemplaires; elle contient
> 42 planches gravées à l'eau-forte par *Emond* et *Jules de Gon-*
> *court.*
> *Envoi autographe* des auteurs à M. de Reiset, sur le fascicule
> des Saint-Aubin.

924. **MARIE-ANTOINETTE**, reine de France. Maria Theresia und Marie Antoinette. Ihr Briefwechsel, 1770-1780. — Marie Antoinette, Joseph II und Leopold II. Ihr Briefwechsel. Herausgegeben von Alfred Ritter von Arneth. *Leipzig et Paris, Jung-Treuttel,* 1865-1866, 2 vol. — Louis XVI, Marie-Antoinette et Mme Elisabeth, lettres et documents inédits publiés par F. Feuillet de Conches. *Paris, Plon,* 1864. Tomes I et II (portrait et fac-similés). — Correspondance inédite de Marie Antoinette publiée par le Cte Paul Vogt d'Hunolstein et Supplément, en 1 vol. *Dentu,* 1864. — Correspondance secrète entre Marie-Thérèse et le Cte de Mercy-Argenteau, avec les lettres de Marie-Thérèse et de Marie-Antoinette publiée par M. le chevalier d'Arneth et M. A. Geffroy. *Firmin Didot frères,* 1874, 3 vol. — Ens. 8 vol. in-8, mar. rouge, large dent., fleurs de lis aux angles, dos ornés, dent. int., tr. dor. (*Petit, succr de Simier*).

> Les titres du premier ouvrage sont seuls en allemand ; la correspondance de la reine avec l'impératrice Marie-Thérèse y est entièrement publiée en français ; c'est l'ÉDITION ORIGINALE de cette correspondance et de celles qui suivent ; seul le dernier ouvrage renferme à la fin une partie précédemment publiée.
>
> La correspondance publiée par Feuillet de Conches contient surtout des lettres de Louis XVI qui s'arrêtent avec le tome II au retour de Varennes.

925. **MICHELET** (J.). Œuvres. Histoire de France et Histoire de la Révolution. *Paris, Lemerre,* 1885-1888, 28 vol. pet. in-12, port., demi-rel., mar. vert clair, têt. dor., non rognés.

> Un des **20** exemplaires imprimés sur **papier de Chine** contenant le portrait en deux états, AVANT la lettre.

926. **PARIS** (Paulin). Les Aventures de Maître Renart et d'Ysengrin son compère, mises en nouveau langage... et suivies de nouvelles recherches sur le Roman du Renart. *Paris, Techener,* 1861. — Garin le Loherain, chanson de

geste composée au xiie siècle par Jean de Flagy, mise en nouveau langage. *Paris, Collection Hetzel, s. d.* (1861). Ens. 2 vol. in-12, demi-rel. mar. bleu et cartonn. dos et coins toile verte, non rognés (*Couvert.*).

927. PORPHYRE. L'Antre des nymphes, traduit du grec en français par Joseph Trabucco, suivi d'un essai sur Les Grottes dans les cultes magico-religieux par P. Saintyves. *Paris, Émile Nourry,* 1918, in-12, broché.

Exemplaire imprimé sur **papier de Hollande.**

928. ROUSSEAU (J.-J.). Les Confessions. *Paris, Libr. des Bibliophiles, s. d.,* 2 vol. in-12, demi-mar. bleu, têt. dor., non rognés.

929. THUCYDIDE. Histoire de la guerre du Péloponèse, traduction nouvelle par Ch. Zévort. *Paris, Charpentier,* 1852, 2 vol. in-12, dos et coins mar. mordoré, tr. jasp.

Édition originale de cette traduction estimée. Portrait ajouté.

930. VILLON (François). OEuvres, publiées avec préface, notices, notes et glossaire par Paul Lacroix. *Paris, Libr. des Bibliophiles,* 1877, in-8, broché.

Un des 30 exemplaires imprimés sur **papier de Chine,** sous couverture non imprimée.

TABLE DES MATIÈRES

ORDRE DES VACATIONS

CHARTRES. — IMPRIMERIE DURANN, RUE FULBERT

www.ingramcontent.com/pod-product-compliance
Ingram Content Group UK Ltd.
Pitfield, Milton Keynes, MK11 3LW, UK
UKHW021527080726
13613UKWH00008B/250